BRIAN TRACY & RAHO JOE BORNHORST

KÜSS DEN FROSCH!

Wie Sie jede Angst besiegen …
und Ihren Erfolg verwirklichen

BRIAN TRACY & RAHO JOE BORNHORST

KÜSS DEN FROSCH!

Wie Sie jede Angst besiegen...
und Ihren Erfolg verwirklichen

Originaltitel: Kiss that frog!

Amerikanisches Original erschienen bei
Berrett-Koehler Publishers, Inc., 2012

Brian Tracy & Raho Joe Bornhorst
Küss den Frosch
Lektorat: Ariane Heinemann

info@j-kamphausen.de

Übersetzung: Ulrich Magin
Umschlaggestaltung, Innenlayout:
Sabine Schiche, ad department, Bielefeld
Abbildung: fotolia/freshidea
Druck & Verarbeitung:
Westermann Druck Zwickau GmbH

www. weltinnenraum.de

1. Auflage - 2013

Bibliografische Information der Deutschen Nationalbibliothek
Die Deutsche Nationalbibliothek verzeichnet diese
Publikation in der Deutschen Nationalbibliografie;
detaillierte bibliografische Daten sind im Internet
über **http://dnb.d-nb.de** abrufbar.

ISBN 978-3-89901-739-7

Dieses Buch wurde auf 100% Altpapier gedruckt und ist alterungsbeständig.
Weitere Informationen hierzu finden Sie unter www.weltinnenraum.de

INHALT

BRIANS WIDMUNG

Für meine Frau Barbara, das Licht meines Lebens, und meine wunderbaren Kinder – Christina, Michael, David und Catherine. „Ihr alle seid der lebende Beweis dafür wie selbstbewusst und selbstsicher Menschen werden, die ihre ganzes Leben stets bedingungslose Liebe erfahren haben."

RAHOS WIDMUNG

Für alle Menschen, die sich entschlossen haben, sich nicht mehr von irgendwelchen Ängsten und „alten" Programmierungen im Kopf lenken zu lassen. Für alle, die sich innerlich erheben wollen, die bereit sind, sich aufzuräumen und sich auf etwas Neues auszurichten.

DANKSAGUNGEN

Wir möchten den unglaublichen Menschen bei Berrett-Kohler danken, ganz besonders dem Verleger Steve Piersanti, der dieses Buch von der ursprünglichen Idee bis zum fertigen Buch begleitete, Jeevan Sivasubramaniam für seine einsichtigen und hilfreichen Kommentare und Anmerkungen, unseren ersten Lesern – Chloe Park, Julie Pinkerton, David Marshall und Brita Adkinson –, deren Ideen und Vorschläge von unschätzbarem Wert für die Form des Manuskripts waren und es verbesserten, und allen wunderbaren Menschen bei Berrett-Kohler, deren Ideen und Inspiration es in das fertige Manuskript geschafft haben.

Ich, Brian, will den Millionen Schülern in 58 Ländern danken, die unsere Ideen angenommen und umgesetzt haben, um ihre negativen Emotionen loszuwerden, die sie daran hindern, zu den außergewöhnlichen Menschen zu werden, die sie von Natur aus sind.

Am meisten aber danke ich meiner wunderbaren Frau Barbara, die seit 1981 mit mir zusammenarbeitet, als wir begannen, diese Ideen in Seminaren und Workshops zu lehren. Ihre Kenntnisse der Psychologie und persönlichen Entwicklung haben immens dazu beigetragen, diese Präsentation der Ideen und Konzepte so eingängig zu machen, dass Menschen auf der ganzen Welt sie annehmen und aufnehmen können.

VORWORT VON RAHO JOE BORNHORST

Willst du mehr Glück und Erfolg in deinem Leben, dann gehe über deine Gedanken und Gefühle hinaus. Denn die Gedanken sind geprägt von denen, die uns erzogen haben und jenen, die um uns herum sind – sie können also auch Begrenzungen enthalten, die heute für das eigene Leben nicht mehr zeitgemäß sind. Und je nachdem, ob gute oder negative Gedanken in uns dominieren, wachsen daraus automatisch Gefühle, die uns begrenzen, auch wenn wir das gar nicht wollen, und selbst wenn wir es als nachteilig erkennen.

Mit diesem Buch bekam ich von einem der besten und erfolgreichsten Lehrer unserer Zeit die Chance, einen Beitrag zur Verbesserung unserer Lebensqualität leisten zu können, und dafür bin ich unheimlich dankbar! Ich habe das Glück, die Wirkung von Brian´s Audio-Seminaren und Tagestrainings seit rund 20 Jahren mitzuerleben. Ich kenne sehr viele Menschen, die ihren Erfolg unter anderem auch zu einem großen Teil darauf zurückführen, dass man von ihm lernt und immer noch lernen kann, wie man die Gesetzmäßigkeiten des Erfolgs im Leben erlernen und nachvollziehen kann: Jeder kann es lernen!

Zu diesem Buch hat er mich als Experte für Bewusstseinstraining und innere Ausrichtung auf Erfolg eingeladen, als Co-Autor mit daran zu schreiben, wie man sich von negativen Dingen befreien und lösen kann. Und ich freue mich sehr, nicht nur Beispiele für die Gesetzmäßigkeit der inneren Ausrichtung zu liefern, sondern eine Reihe von Einsichten und Erkenntnissen zu formulieren und zusätzlich einbringen zu können, die bewusst machen, wie man die eigene innere Freiheit spüren und vergrößern kann. So wie es jeder kann.

Brian ist ein erstaunlicher Mensch, der nie eine besondere Art von Gesinnung vertreten hat, sondern immer danach getrachtet hat zu erkennen: Wie wäre denn die beste Art, diejenige, die am besten für mich und die anderen Menschen gemeinsam funktioniert! Erst durch Brian habe ich gelernt, mich zu fragen: Wie funktioniert es denn am besten für alle Beteiligten? Von Hunderten anderer Selbständiger, die ich kenne und dazu befragt habe, nickt wirklich jeder, der Brian Tracy´s Anleitungen kennt, voller Anerkennung und sagt: Das stimmt – wenn man es selbst ausprobiert und nutzt, führt man sich selbst zum Erfolg. Und jeder kann das lernen von ihm.

Brian ist seit 3 Jahrzehnten Erfolgstrainer. Und er zählt seit zwei Jahrzehnten zu den Besten der Welt. Bei diesem Buch zur Anleitung für die Befreiung von Ängsten, einem meiner Spezialgebiete, als Co-Autor dabei zu sein und mit zu verfassen, wie man sich unabhängig oder auch frei davon macht, ist für mich eine große Ehre. Denn es ist eines meiner größten Anliegen, weiterzugeben, wie schnell und radikal sich praktisch jeder Mensch innerlich frei machen und darüber hinaus wachsen kann. Wer das tut, wird auch in allen anderen Bereichen seines Alltags neue Freiheiten finden und sich auch in den äußeren Dingen sehr viel schneller und besser weiter entwickeln. Ich kann und darf das Wissen darum nun so weitergeben, dass es jeder nutzen kann. Das freut mich sehr, denn ich wünsche jedem Menschen auf der Welt, völlig frei, ungezwungen, glücklich und erfüllt zu sein.

Ich könnte tatsächlich unendlich lange und viel mehr schreiben, um zu erklären, wie frei und mächtig jeder Mensch im

Grunde seiner Seele wirklich ist, wenn er sich nur selbst auf den Weg macht, um herauszufinden wie es geht. Es funktioniert. Aber lesen Sie es selbst, und verleihen und verschenken Sie es, wenn es Ihnen geholfen hat. Wenn wir Menschen alle ein Stück weit jenseits unserer Ängste und Begrenzungen kommen und von da aus leben, werden wir alle viel mehr von unserer wahren Größe leben. Wir werden alle mehr fühlen und spüren und begreifen und verändern als heute. Wir können alle mehr teilen und verteilen. Wir werden selbstbewusster und selbständiger und selbstsicherer. Wir brauchen keine aus früheren Generationen stammenden Ängste und Sorgen um´s Überleben mehr, die unser Leben prägen. Unsere Kinder brauchen diese alten Sorgen, die wir erst noch entlernen und loslassen müssen, schon gar nicht mehr. Wir können die Kräfte, die frei werden, sobald unsere Herzen, unsere Gedanken und Gefühle nicht mehr so belastet sind, viel leichter dafür einsetzen, dass wir alle freier und erfolgreicher werden Wir können dann auch jenen helfen, die unsere brauchen, und die noch keine Chance hatten, so viel zu bewegen, wie wir das heute tatsächlich können.

Ich wünsche ganz viel Freude beim Lesen, viele Einsichten und neue Impulse, viele gute Gespräche darüber und gutes Gelingen beim Umsetzen der Ideen, die wir hier vermitteln. Und ich wünsche Ihnen das entspannte, freudige Lächeln, das sich einstellt, wenn man seine alten Geschichten und Begrenzungen hinter sich zurück lassen kann und frei davon wird.

Ihr Raho Joe Bornhorst
Im Frühjahr 2013

www.Bornhorst.de

EINLEITUNG – DER FROSCH UND DIE PRINZESSIN

„An und für sich ist nichts gut oder schlecht, erst das Denken macht es dazu."
(William Shakespeare)*

Du bist auf der Welt, um ein tolles Leben zu haben, um Glück und Freude zu erleben, um wunderbare Beziehungen, beste Gesundheit, echten Reichtum und völlige Erfüllung zu finden. Also, was hindert dich daran? Warum hast du noch nicht das Leben, von dem du träumst?

Willst du den Grund für dein Glück oder Unglück, für deinen Erfolg oder Misserfolg, für deine Siege oder Verluste kennen? Dann geh doch einmal zum Spiegel und schau hinein. Da hast du die Antwort. Was du über den denkst, der dir da aus dem Spiegel entgegenblickt, bestimmt einen Großteil deiner Lebensqualität.

Wenn man ändert, was man über sich selbst denkt, verändert man sein Leben – und zwar augenblicklich!

**1564 – 1616, englischer Dichter und Denker.*

EIN MÄRCHEN

Es war einmal, so geht das Märchen, ein wunderschöner Prinz, den eine böse Hexe in einen hässlichen Frosch verzaubert hatte. Dieser Fluch konnte nur gebrochen werden, wenn eine Prinzessin ihn küsste. Die Hexe ging natürlich davon aus, dass das nie geschehen würde. Es war einmal zur gleichen Zeit, da sehnte sich eine wunderschöne Prinzessin nach einem schönen Prinzen, den sie heiraten konnte. Aber sie fand keinen.

Als sie dann einmal im Wald spazieren ging, erblickte sie an einem Teich den hässlichen Frosch, den Prinzen, der dort lebte. Die Prinzessin kniete sich am Wasser nieder und grübelte über ihre Lage und ihre Sehnsucht nach dem schmucken Prinzen nach. Da hüpfte der Frosch zu ihr und sprach.

Er erzählte ihr, er sei in Wirklichkeit ein verzauberter hübscher Prinz. Sie solle ihn nur küssen, dann verwandle er sich zurück, würde sie heiraten und sie lieben bis ans Ende ihrer Tage. Das klang erst einmal abwegig, aber nach einigem Zaudern nahm sie all ihren Mut zusammen und küsste den Frosch direkt auf die Lippen. Wie versprochen verwandelte er sich augenblicklich in den schönen Prinzen. Er hielt sein Versprechen, heiratete sie und sie lebten glücklich bis ans Ende ihrer Tage.

DIE MORAL VON DER GESCHICHTE

Offenbar hat fast jeder von uns eine Blockade, oder mehr als eine, die uns daran hindert, wahrhaft glücklich, gesund und freudvoll zu werden und jeden neuen Tag mit Vorfreude und freudiger Aufregung zu erwarten.

Welchen Frosch musst du in deinem Leben „küssen", damit du all das erreichst, was dir möglich ist? Welche schlechten Erfahrungen in deinem Leben müsstest du verarbeiten und integrieren, damit sie dir dabei helfen, dich in die erstaunliche Person zu verwandeln, die du sein könntest?

WAS WIR ALLE WOLLEN

Das große Ziel des menschlichen Lebens ist die Erfahrung von Glück und innerer Ruhe. Jeder Mensch will die schönen Gefühle von Liebe, Genuss, Zufriedenheit und Erfüllung erleben und genießen. Die vielleicht größte Entdeckung der Psychologie liegt darin, dass die größten Hindernisse, die uns von einem außergewöhnlichen Leben trennen, die negativen Einstellungen in unseren Beziehungen zu uns selbst und zu unseren Mitmenschen sind.

Erst wenn du lernst, *„den Frosch zu küssen"*, wenn du schon aus Gewohnheit bei jedem Menschen und bei jeder deiner Erfahrungen nach etwas Positivem und Erstrebenswertem suchst (und es auch findest), erst dann kannst du dein gesamtes Erfolgspotenzial freisetzen – und deine Fähigkeit zu Liebe und innerer Ruhe einsetzen, die dich dann auf dem gesamten Rest deines Lebensweges begleiten.

Dieses Buch hat über 5000 Vorträge und Seminare mit mehr als 5 Millionen Menschen in 58 Ländern (Brian) sowie Hunderte Seminare und Tausende persönlicher Beratungen und Coachings (Raho) als Grundlage. Du lernst darin eine Reihe einfacher aber effektiver Methoden und Techniken, die du sofort nutzen kannst, um deine negativen Gedankenmuster in positive zu verwandeln und um aus jeder Schwierigkeit im Leben einen großen Nutzen zu ziehen.

Du lernst, wie du zu einem Menschen voller Selbstvertrauen wirst und dein ganzes Potenzial einsetzen kannst, um ein wirklich erfülltes Leben zu leben.

Diese Methoden und Strategien haben Millionen Menschen auf der ganzen Welt geholfen. Sie helfen auch dir. Also fangen wir direkt damit an.

KAPITEL 1 – SIEBEN WAHRHEITEN ÜBER DICH

„Der Mensch ist gerade so glücklich, wie er sich zu sein entschließt.“
(Abraham Lincoln)*

Dein natürlicher Zustand ist glücklich, friedlich und voller Freude über das Leben. In diesem natürlichen Zustand zu sein, bedeutet, jeden Morgen aufzuwachen und den Tag kaum erwarten zu können. Du bist im Reinen mit dir selbst und den Beziehungen zu deinen Mitmenschen. Du hast Spaß an deiner Arbeit und bist zutiefst zufrieden mit allem, was du erreichst.

Dein wichtigstes Ziel sollte nun sein, dein Leben so zu leben, dass du dich meistens so fühlst. Als voll funktionstüchtiger, völlig erwachsener Mensch solltest du jeden Tag etwas tun, was dich zur Erfüllung deines Potenzials erhebt und ihr nahebringt. Du solltest all deinen Talenten in allen Bereichen dankbar sein. Bist du mit einem Aspekt deines Lebens nicht glücklich oder unzufrieden, dann zeigt das einfach nur, dass etwas mit deinen Gedanken, Gefühlen oder Handlungen nicht stimmt und korrigiert werden sollte. Und jetzt lernst du, wie das BEI DIR geht.

**1809 – 1865, amerikanischer Präsident von 1861 – 1856.*

Um dein ganzes Potenzial freizusetzen, musst du zuerst begreifen, dass du tief in dir drin schon *längst* ein Prinz oder eine Prinzessin bist. Das stimmt selbst dann, wenn du es weder denken noch spüren kannst. Ist denn ein neugeborenes Baby nicht auch perfekt? Babys können anfänglich weder laufen noch sprechen, aber jedes Baby kann das lernen. Es kann JEDE Sprache und jede Fertigkeit erlernen, die es braucht, um seinen Lebenszweck zu erfüllen. Auch du bist geschaffen, um Erfüllung zu finden und deine Aufgabe im Leben zu erledigen.

Ganz gleich, wo du dich gerade befindest oder was du in der Vergangenheit getan oder unterlassen hast, es gibt sieben grundlegende Wahrheiten über dich, die du einfach akzeptieren müsstest:

1. Wahrheit: Du bist als Mensch grundsätzlich gut und *herausragend*, über alle Maßen wertvoll und wichtig. Niemand ist besser als du, niemand talentierter als du. Im tiefsten Grund deines Herzens bist du ein ganz wunderbarer Mensch. Auf deine besondere Weise bist du genau so gut – oder sogar besser – wie jeder andere Mensch, dem du in deinem Leben je begegnen wirst.

Nur wenn du an deiner grundlegenden Güte und deinem Wert *zweifelst*, stellst du dich selbst in Frage. Die Hauptursache deiner Unzufriedenheit liegt darin, dass du nicht akzeptieren kannst, dass du ein guter Mensch bist.

WIE MAN MIT ZWEIFELN UMGEHT

Ich will dir sagen, wie du mit Zweifeln sehr konstruktiv umgehen kannst. Von jetzt an unterscheidest du einfach zwischen Zweifeln und kritischer Betrachtung. Zweifeln wirkt wie ein schreckliches Gift! Zweifel kann den Geist verwirren, einschläfern und sogar ganz lahm legen. Zweifel gleicht einer schlimmen Droge. Zweifel ist wie Heroin. Andererseits bringt kritische Beobachtung mehr Klarheit und Einsicht, wenn du nachdenkst und neu bewertest. Man kann Zweifel also durch kritische aber konstruktive Betrachtung ersetzen.

Das Negative am Zweifel ist, dass Menschen ihn gegen ihre Mitmenschen einsetzen, um sie zu manipulieren, um sie vom Nachdenken oder von bestimmten Verhaltensweisen abzuhalten. Zweifel erschafft und verursacht auch Angst. Manchmal kommt er daher, als sei er eine Hilfe, eine Warnung vor möglichem Misserfolg. Aber selbst der leiseste Hauch von Zweifel kann sich in deinem Geist verbreiten wie ein blauer Tintentropfen in einem Glas mit reinem Wasser. Die Tinte breitet sich unbeherrschbar aus. Genau so ist das mit einem Zweifel. Er kann jede gute Absicht, die du vielleicht gehabt hast, untergraben oder gar völlig wegwischen oder ertränken.

Also: Akzeptiere den Zweifel von jetzt an nicht mehr! Ersetze jeden vagen Zweifel durch deine Fähigkeit, eine Sache näher zu untersuchen und kritisch zu betrachten. Lass nicht mehr zu, dass unspezifische Zweifel im eigenen Denken oder aus Gedanken deiner Mitmenschen deine guten Absichten zunichte machen. Wenn andere Menschen dich oder deine Kompetenz oder etwa die Machbarkeit deiner Ziele anzweifeln, dann frage sie: „Worum genau geht es dir denn?“ Wenn sie das nicht klar benennen können, sondern unspezifisch zweifeln, betrachte deinen Fall, nimm ggf. neue Informationen mit auf und strebe mit größerer Klarheit weiter darauf zu. Wenn das nichts ändert, untersuche das Problem erneut. Lass dich vom Zweifel nie ablenken. Ersetze ihn durch kritische Betrachtung, untersuche erneut, finde zusätzliche Gesichtspunkte – aber lasse in deinem Gedanken keinen vagen Zweifel mehr zu. Er ist Gift, also behandle ihn auch so.

2. Wahrheit: Du *bist auf vielerlei Art und Weise von Bedeutung*. In erster Linie bist du für dich selbst wichtig und bedeutend. Als Individuum dreht sich deine ganze Welt nur um dich. In deinem eigenen Universum bist du die wichtigste Person. Du gibst allem, was du siehst oder hörst, eine gewisse Bedeutung. Nichts in deiner Welt ist wichtig, außer du selbst hältst es für wichtig.

Du bist auch für deine Eltern wichtig. Als du geboren wurdest, war das einer der bedeutsamsten Augenblicke in deren Leben. Er wirkt sich noch heute aus. Als du dann heran gewachsen bist, war praktisch alles, was du gemacht hast, für sie von Bedeutung.

Du bist für deine eigene Familie wichtig, für deinen Ehemann oder deine Ehefrau, für deine Kinder und deinen Freundeskreis. So einiges von dem, was du sagst oder tust, hat eine ganz enorme Wirkung auf sie.

Bei deiner Arbeit bist du für deine Firma wichtig, für deine Kunden, deine Arbeitskollegen oder auch die Gemeinde bzw. Kommune in der du lebst. Ob du etwas tust oder unterlässt, es kann auf das Leben und die Arbeit deiner Mitmenschen ganz enorme Auswirkungen haben.

Wie wichtig du dich fühlst, das bestimmt in hohem Maße deine Lebensqualität. Glückliche und erfolgreiche Menschen fühlen sich wichtig und wertvoll. Weil sie sich so fühlen, handeln sie auch danach.

Unglückliche, enttäuschte Menschen fühlen sich tendenziell unwichtig und weniger wert. Sie sind frustriert und fühlen sich minderwertig. Sie spüren: „Ich bin nicht gut genug." Oft werden sie wütend auf die Welt und tun Dinge, die ihnen selbst und ihren Mitmenschen weh tun oder schaden.

Sie begreifen nicht, dass sie tief in ihrem Inneren eigentlich Prinzen und Prinzessinnen sind.

3. Wahrheit: *Du hast ein schier unbegrenztes Potenzial und die Fähigkeit,* dein Leben und deine Welt nach deinem Geschmack zu erschaffen. Selbst wenn du 100 Leben leben würdest, könntest du dein Potenzial immer noch nicht voll ausschöpfen. Ganz gleich, was du bis jetzt erreicht hast: Das ist doch nur ein Hauch von dem, was für dich wirklich möglich ist. Je mehr du jetzt von deinen natürlichen Fähigkeiten und Talenten förderst, desto mehr Potenzial hast du zukünftig.

Dein Glaube an dein wahrlich unbegrenztes Potenzial ist der Schlüssel dazu, tatsächlich alles zu werden, was du wirklich werden willst.

4. Wahrheit: *Du erschaffst dir deine Welt* durch die Art und Weise deiner Gedanken und die Tiefe deiner Überzeugungen. Deine Glaubenssätze erschaffen deine Wirklichkeit, wie wir später noch sehen werden. Jede Überzeugung, die du in Bezug auf dich selbst hast, hast du ja erlernt. Das begann in deiner Kindheit. Wunderbarerweise liegen den meisten negativen oder einschränkenden Überzeugungen und den Zweifeln, die dein Glück und deinen Erfolg verhindern, keine Tatsachen zugrunde.

Stellt man seine einschränkenden Überzeugungen und beschränkenden Glaubenssätze in Frage und fängt an, seine Überzeugungen in Einklang mit dem unglaublichen Menschen zu bringen, der man nun einmal ist, verändert sich das Leben praktisch schon im gleichen Augenblick!

5. Wahrheit: *Du allein bestimmst*, was du denkst und wie dein Leben verläuft. Das Einzige, was du völlig beherrschen könntest, und zwar bis zu 100%, ist dein inneres Leben und deine Gedanken. Du kannst dich dafür entscheiden, glücklich, erfüllt und positiv zu denken. Das führt zu positiven Taten und Ergebnissen. Oder du kannst dich im Gegenteil entschließen, gewöhnlich zuerst negativ zu denken, dich selbst zu beschränken und dir selbst in den Rücken zu fallen und dich aufzuhalten.

Dein Geist gleicht einem Garten. Dort wachsen entweder Blumen oder Unkraut. Kümmerst du dich nicht genug um die Blumen, wächst das Unkraut, ohne dass du etwas dafür tust. Pflanzt du nicht mit voller Absicht positive Gedanken und kümmerst dich um sie, dann überwuchern negative Gedanken alles.

Diese Metapher, dieses einfache Gleichnis erklärt, warum so viele Menschen unglücklich sind, aber nicht wissen, weshalb.

Übrigens: Du wirst es niemals schaffen, dass andere Menschen nur das Beste von dir denken. Ändere lieber dein eigenes

Denken und Lernen! Verschwende keine Zeit damit, das Denken von anderen Leuten zu verändern, wenn es dir darum geht, ein besseres Leben zu haben.

Und noch ein Gedanke. Er kommt von einem deutschen Sprichwort: „Unkraut vergeht nicht." Es reicht nicht, auf bessere Zeiten zu hoffen – du musst das Unkraut in deinem Kopf entfernen. Je entschlossener und je häufiger du das tut, um so stärker wird es zur Gewohnheit und umso leichter fällt es dir.

6. Wahrheit: Du bist hier auf Erden, weil dich *Großes erwartet*. Man sollte mit seinem Leben etwas Großartiges anstellen. Du verfügst über eine einzigartige Kombination von Talenten, Fähigkeiten, Ideen, Einsichten und Erfahrungen, die dich von jedem anderen unterscheidet, der je gelebt hat. Du bist zum Erfolg geschaffen und konstruiert, um wahre Größe zu leben.

Ob du das akzeptieren wirst oder nicht, das entscheidet zu einem großen Teil, welche Ziele du dir setzt, wie stark du auch bei Gegenwind vorankommst, was du tatsächlich erreichst und in welche Richtung dein gesamtes Leben verläuft.

7. Wahrheit: Was du tun kannst, sein kannst oder haben kannst *kennt keine Grenzen*, es sei denn jene, die du dir mit deinem Denken und in deiner Vorstellungskraft selbst setzt. Deine größten Feinde sind deine eigenen Zweifel und Ängste. Dabei handelt es sich gewöhnlich um negative Glaubenssätze, die nicht immer auf Tatsachen beruhen, die du allerdings im Laufe der Jahre doch so verinnerlicht hast, dass du sie gar nicht mehr in Frage stellst.

Shakespeare schrieb: „Die Vergangenheit ist nur ein Prolog." Alles, was du in deiner Vergangenheit erlebt hast, hat dich auf das wunderbare Leben vorbereitet, das zukünftig vor dir liegt. Also denke immer an diese Regel: *Es kommt nicht darauf an, wo du herkommst; es geht darum, wo du hinwillst.*

MICHELANGELOS DAVID

Im Museum der *Galleria dell'Accademia* in Florenz steht der „David" von Michelangelo. Viele halten ihn für die großartigste Statue, die je ein Künstler geschaffen hat. Von überall her reisen Menschen zu ihm, um ihn zu bewundern. Man wird von dem, was man angesichts der Statue empfindet, fast überwältigt.

Dazu gibt es eine Geschichte. 1501 wurde Michelangelo von der einflussreichen und mächtigen Familie der Medicis beauftragt, für den Hauptplatz von Florenz ein Denkmal zu schaffen, das alle anderen Kunstwerke übertreffen sollte.

Als er dieses unglaubliche Kunstwerk endlich fertiggestellt hatte, wurde es vor Tausenden von Zuschauern öffentlich enthüllt. Als das Tuch fiel und die Statue sichtbar wurde, hielt die Menge vor Erstaunen den Atem an. Sie begriffen unmittelbar, dass das wahrscheinlich wohl die schönste Statue war, die jemals geschaffene worden war.

DIE PERFEKTION IM MARMOR

Michelangelo wurde später gefragt, wie es ihm denn gelungen sei, ein so wunderschönes Kunstwerk zu erschaffen. Er erzählte, er sei eines Morgens zu seinem Atelier gegangen und habe am Straßenrand einen großen Marmorblock bemerkt, der vor Jahren aus den Bergen in die Stadt gebracht worden und schon völlig überwuchert war.

Er war schon oft dort entlang gegangen. Dieses Mal aber hielt er inne und betrachtete sich den Marmorblock näher. Er umschritt ihn mehrere Male. Plötzlich ging ihm auf, dass er genau das war, wonach er gesucht hatte, um den Auftrag der Medicis auszuführen. Er ließ den Brocken in sein Atelier bringen und arbeitete dort fast vier Jahre lang an seinem David.

Später meinte er: „Ich sah den David im Marnorblock gleich von Anfang an. Meine Aufgabe war dann nur noch, all das wegzuschlagen, was nicht zum David gehörte, bis nur noch seine Perfektion übrig geblieben war."

DIES IST DEINE GESCHICHTE

Gewissermaßen bist du wie der David, der im Marmor verborgen liegt, die Perfektion, die aus einem groben Felsklotz heraus entsteht. Das große Ziel deines Lebens liegt darin, all die Ängste, Unsicherheiten, negativen Gefühle und falschen Glaubensätze zu entfernen, die dich zurückhalten, bis das, was übrig bleibt, nur noch der allerbeste Mensch ist, der du möglicherweise sein kannst.

Deine Aufgabe ist es, den „Frosch zu küssen" und all das Positive in jeder einzelnen Situation zu entdecken, mit voller Absicht alles Negative in etwas Positives zu verwandeln und den „schönen Prinzen" in deinem Leben heraus zu holen.

Entschließe dich jetzt, in diesem Augenblick, dein volles Potenzial für Erfolg und Glück zu entfesseln. Werde zu diesem aussergewöhnlichen Menschen, der tief in dir steckt. Du wirst all die wunderbaren Dinge erreichen, wegen derer du überhaupt lebst. Auf den folgenden Seiten erfährst du, wie das geht.

ÜBUNG

Finde heraus, welche negativen oder einschränkenden Überzeugungen bezüglich deiner Fähigkeiten oder deiner Lage dich zurückhalten. Dann frage dich: „Was wäre, wenn diese gar nicht stimmen/zutreffend wären?"
Was wäre, wenn du jedes Talent und jede Fähigkeit hättest, die du je brauchen würdest, um alles im Leben zu erreichen,

was du willst? Was wäre, wenn du keine Beschränkungen hättest? Welche Ziele würdest du dir setzen, wenn du eine absolute Erfolgsgarantie hättest? Was würdest du dann ab heute sofort anders machen, wenn du sofort anfangen würdest?

Sieben Wahrheiten über Dich

1. Du bist grundsätzlich ein *guter und herausragender Mensch*, über alle Maßen wertvoll und wichtig.
2. Du bist auf *vielerlei Art und Weise von Bedeutung*.
3. *Du verfügst über unbegrenztes Potenzial*. Du kannst dein Leben und deine Welt nach deinem Geschmack schaffen.
4. *Du erschaffst dir deine Welt* durch die Art und Weise deiner Gedanken und die Tiefe deiner Überzeugungen.
5. *Du alleine bestimmst*, was du denkst und wie dein Leben verläuft.
6. Du bist hier auf Erden, weil dich *Großes erwartet*. Du solltest mit deinem Leben etwas Tolles anstellen.
7. Was du tun kannst, sein kannst oder haben kannst *kennt keine Grenzen*, außer solchen, die du dir selbst mit deinem Denken und in deiner Vorstellung setzt. Deine größten Feinde sind deine eigenen Zweifel und Ängste. Es sind negative Glaubenssätze, die nicht auf Tatsachen beruhen, sondern die du im Laufe der Jahre einfach so sehr verinnerlicht hast, bis du sie gar nicht mehr in Frage stellst.

KAPITEL 2 – STELL DIR DEN SCHÖNEN PRINZEN VOR

„Träume keine kleinen Träume, denn sie haben nicht die Kraft, die Herzen der Menschen zu bewegen."
(Johann Wolfgang von Goethe)*

Die Prinzessin im Märchen träumte nicht davon, den Erstbesten zu heiraten. Sie hatte von Anfang an eine klare Vorstellung davon, dass sie einen schönen Prinzen finden würde, einen idealen Partner. Was ist dein schöner Prinz, deine Prinzessin, sei es bei der Arbeit oder im privaten Leben?

Um wahrhaft glücklich und erfüllt zu sein, brauchst du zuerst eine genaue Vorstellung, wer du sein willst und wie dein Leben idealerweise aussehen sollte. Welche Eigenschaften und Qualitäten hättest du, wenn du der beste Mensch wärst, der du möglicherweise jemals sein könntest?

Psychologen beschreiben den perfekt funktionierenden, sich selbst verwirklichenden Menschen wie folgt: *Er oder sie ist wahrhaft glücklich, im Reinen mit sich und der Welt, voller Selbstvertrauen, positiv, sympathisch, entspannt, und so ein Mensch spürt,*

**1749 – 1832, deutscher Dichter und Denker.*

dass er oder sie sein größtmögliches Potenzial entfaltet, ist dankbar, kraftvoll und überwiegend geradezu begeistert vom Leben.

Wenn diese Aufzählung in den nächsten Monaten für dich ein lohnendes Ziel darstellt, dann zeigt dir dieses Buch, wie du es erreichen kannst.

DIE ZAUBERSTAB-ÜBUNG

Nutze dazu die „Zauberstab-Übung": Du denkst an die Zukunft und stellst dir vor, dass du sie mit einem Schwenk deines Zauberstabs in den vier wichtigsten Bereichen, die unser Glück oder Unglück bestimmen, verändern könntest. Dabei geht es um 1) Einkommen und Karriere, 2) Familie und Beziehungen, 3) Gesundheit und Fitness, und 4) Finanzielle Unabhängigkeit.

Zu den wichtigsten Verhaltensweisen erfolgreicher Menschen gehört das „Idealisieren". Beim Idealisieren erschaffst du eine Vision deiner perfekten Zukunft, und zwar in jedem Bereich deines Lebens. Deinen Gedanken sind dabei keine Grenzen gesetzt.

Stelle dir bitte einmal vor, dass du über all die Zeit und all das Geld verfügst, alle Freunde und alle Kontakte hättest, all die Schulausbildung und all die Erfahrung, und alle Talente und alle Fähigkeiten, die du möglicherweise brauchen würdest, damit du alles *sein, haben oder tun* kannst.

Stelle dir das JETZT vor! Nimm dir die Zeit, es vor deinem geistigen Auge erscheinen zu lassen.

Jetzt stell dir die eine Frage: Wenn du in genau dieser Lage wärst, was würdest du dann mit deinem Leben anstellen?

Nimm dir ein wenig Zeit und warte auf die richtigen Ideen.

Kombiniert man das Idealisieren mit der Zauberstab-Übung, befreit man seinen Geist von den Beschränkungen die durch tägliche Arbeiten und zu bezahlenden Rechnungen entstehen.

Du machst also ein Brainstorming, ein Phantasieren und Schönwetterdenken, was besonders erfolgreiche und leistungsfähige Menschen immer wieder mal tun.

Sportler stellen sich vor, wie sie siegen, Marktleiter stellen sich vor, wie sie Geschäftsführer werden, Verliebte betrachten sich als Familie mit Kindern, Schüler denken an die bestmögliche Note.

ENTWERFE DEINE PERFEKTE ZUKUNFT

Übe das „Zurück-aus-der-Zukunft"-Denken. Stelle dir eine Zeit fünf Jahre in der Zukunft vor und betrachte dich, wo du dich dann befindest. Schreibe deine Antworten auf die folgenden Fragen auf. Wenn dir fünf Jahre zu lange vorkommen, um dir realistische Ergebnisse vorzustellen, dann denke zunächst nur an ein oder zwei Jahre.

1. Wenn deine Arbeit, deine Karriere oder dein Unternehmen in fünf Jahren perfekt wäre – wie würde es aussehen? Wie viel würdest du dann verdienen? Wie unterschiede sich deine Lage von der heutigen?
   Warum lebst du dieses Leben nicht längst und genießt deine ideale Karriere und deinen idealen Verdienst?
2. Wenn deine Familie und deine Beziehungen in fünf Jahren perfekt wären – wie würden sie aussehen? Und wie würden sie sich von den heutigen unterscheiden?
   Welches müsste der erste Schritt sein, den du unternimmst, um dieses ideale Leben in deinem Heim zu erschaffen?
3. Wenn dein Grad an Gesundheit und Fitness in fünf Jahren perfekt wären – wie würdest du aussehen und dich fühlen? Wie viel würdest du wiegen? Wie viel Sport würdest du jeden Tag oder jede Woche treiben? Was würdest du essen? Und insbesondere, wie würdest du dich körperlich von dem Menschen unterscheiden, der du heute bist?

Womit könntest du anfangen oder aufhören, um in den Genuss perfekter Gesundheit und Fitness zu gelangen? Was müsstest du tun, um dich wohl zu fühlen, womit könntest du schon heute anfangen? Welchen deiner Bekannten könntest du um Rat und Unterstützung bitten?

4. Und zum Schluss: Wenn deine finanzielle Lage in fünf Jahren perfekt wäre – wie groß wäre dann dein Vermögen? Wie viel hättest du auf deinem Konto, wie viel würden dir deine Geldanlagen jeden Monat und jedes Jahr bringen?

Stell dir vor, dein Zauberstab könnte jeden dieser vier Bereiche perfektionieren. Wie würden sie aussehen? Stelle dir jeden Bereich jetzt innerlich so detailliert wie möglich vor (also visuell und akustisch, und auch vom Geruch, Geschmack und vom Berühren her).

GESTALTE PERFEKTE TAGE

Wenn du deinen Tag beginnst, frage dich immer: „Wie setze ich heute meine Zeit in Anbetracht der großen Dinge, die ich in meinem Leben erleben will, am sinnvollsten ein?"

Und frage dich auch: „Wie nutze ich meine Zeit heute am besten, um die schönsten Sachen zu erleben, die ich hier und heute erleben kann?"

Die erste Frage konzentriert meinen Geist auf die Aufgaben, die mich der Erfüllung meiner großen beruflichen Ziele näher bringen. Die zweite Frage, die ich mir tendenziell eher Samstags oder Sonntags stelle, führt mich unmittelbar zu den kleinen Dingen. Das sind meistens keine teuren Dinge. Sie sind aber für mich und mein Glück unheimlich wichtig. Es geht um meine Lebensfreude und meine Liebe zum Leben. Es ist ja meine Entscheidung, meine Seele singen und lachen zu lassen und mein Herz mit Glück zu erfüllen. Manchmal bist du dann richtig selig. Es kann sein, dass du dann mit deinem Mountainbike durch den

Wald radels oder dich einfach nur still alleine hinsetzt und meditierst, oder dass du deinen besten Freund anrufst, um mit ihm spazieren zu gehen, oder dass du Freunde, die du liebst, zum Frühstück in ein tolles Café einlädst oder auch in ein Wellness-Center gehst, um alleine zu entspannen oder ein gutes Buch zu lesen.

Wenn wir uns solche Fragen, wie wir am besten zu unserem Erfolg und unserem Glück finden, nicht stellen, werden wir automatisch durch unsere Gewohnheiten und per Autopilot gesteuert. Wir tun, was wir immer machen. Und das schränkt uns ein. Oder wenn wir nur das tun, von dem wir glauben, dass es unser Partner von uns erwartet, ohne ihm oder ihr diese Fragen zu stellen, dann gehen wir vielleicht einen Kompromiss ein und finden nicht einmal heraus, was das Beste für uns beide und unser Miteinander wäre.

Weil wir nicht frei über diese Dinge denken und sprechen, die wir tun könnten, damit wir beide glücklich sind und wir unsere Tage ideal miteinander verbringen können, finden wir nicht einmal die Möglichkeiten heraus, die zum wahren Glück – und sogar zur Glückseligkeit – führen, und zwar für jeden von uns, und vielleicht sogar an jedem Tag.

In unseren Gedanken gehen wir häufig von Einschränkungen und Begrenzungen aus, die wir in Betracht ziehen müssen. Wenn du jedoch damit anfängst, dir vorzustellen, dass du keinerlei Einschränkungen hättest, kann das Ergebnis dich verblüffen. Die Regel lautet: „Kläre für dich was ideal ist, bevor du entscheidest, was möglich ist!“

Am wichtigsten aber ist: Was musst du von jetzt an tun, um deine ersehnte ideale Zukunft zu erreichen? Der Managementexperte Peter Drucker meint: „Die Menschen überschätzen stark, was sie in einem Jahr leisten können, aber sie unterschätzen völlig, was sie in fünf Jahren erreichen können.“

Indem du heute damit anfängst, deine ideale Zukunft zu gestalten, kannst du die Kontrolle über dein ganzes Leben erhalten.

ZUSAMMENFASSUNG

1. Träume groß. Beginne mit einer klaren Vorstellung davon, wer du idealerweise sein willst, und des perfekten Lebens, das du idealerweise führen möchtest.
2. Stelle dir vor, du hättest einen Zauberstab, mit dem du deine Karriere, deine Familie und deine Beziehungen, deine Gesundheit und Fitness sowie deine finanzielle Lage verändern könntest. Wie würdest du all diese Bereiche perfekt zaubern?
3. Denke ohne Begrenzungen. Befreie deinen Geist von den Herausforderungen des Alltags, indem du das „Schönwetterdenken" nutzt.
4. Kläre für dich, was ideal ist, bevor du entscheidest, was möglich ist!
5. Gestalte deine ideale Zukunft, damit du das Steuer deines Lebens vollständig selbst übernimmst.

ÜBUNG

Beantworte die folgenden Fragen schriftlich auf einem Blatt Papier:

- *Welches Ziel, wenn es den in denn nächsten 24 Stunden erreichbar wäre, hätte die größtmöglichen positiven Auswirkungen auf dein Leben?*
- *Was unternimmst du jetzt sofort, noch heute, um dein Leben ideal zu gestalten?*

KAPITEL 3 – SCHAU DEINEM FROSCH INS GESICHT

„Ausblenden macht es nicht besser!"

Als die wunderschöne Prinzessin, die sich allein im Wald danach sehnte, endlich ihren Prinzen zu treffen, von diesem ekligen, nassen, schleimigen, kalten Frosch gebeten wurde, ihn zu küssen, musste sie sich entscheiden. Sie konnte so weitermachen wie bisher, einsam und unglücklich, oder sie konnte sich einen Ruck geben und es mit dem Frosch einmal probieren, auch wenn es dafür keine Erfolgsgarantie gab.

Jeder hat so einen Frosch, den man küssen muss, manchmal mehrere Frösche. Die Frösche in deinem Leben sind die negativen Menschen, Situationen, Erlebnisse aus der Vergangenheit und gegenwärtige Probleme, sowie deine Selbstzweifel und Selbstbeschränkungen. Manchmal handelt es sich bei deinen Fröschen um Risiken und Verpflichtungen, die du eingehen musst, um dich aus deinen eingefahrenen Wegen zu lösen und vorwärts zu kommen.

DEN TATSACHEN IN DIE AUGEN SEHEN

Manchmal muss man, um seinen Frosch zu küssen, den Frosch tatsächlich *umarmen*. Du akzeptierst dabei, dass Frösche schleimig, kalt und hässlich sein können. Manchmal gibst du einem Frosch den Abschiedskuss und klammerst dich nicht länger an einen Frosch, der Schuldgefühle und Urteile auslöst. Manchmal entscheidest du dich, deine Erwartungen zu ändern und den Frosch auf ganz neue Art und Weise zu betrachten. Manchmal musst du einen Frosch auf die Stirn küssen und ihm vergeben. Es gibt tatsächlich viele unterschiedliche Arten, einen „Frosch" aus deinem Leben zu verabschieden.

Die Psychologie unterscheidet zwei Persönlichkeitstypen, die Konfrontierer und die Ausblender, wir könnten sie auch „Macher" und „Lasser" nennen. Es ist nicht sehr überraschend, dass die *Macher*, die ihre Ängste bei den Hörnern packen und sich der Wirklichkeit stellen, und die die Leute und die Schwierigkeiten in ihrem Leben geradeheraus und ehrlich anpacken, wesentlich glücklicher, effektiver und selbstsicherer sind als die ausweichenden *Lass-mal*-Typen.

Konfrontierer bzw. Macher kennen diese Angst, die durch das direkte Anpacken entsteht. Sie übernehmen aber die Verantwortung für ihre Gefühle. Die Lasser fürchten das Unbekannte. Es mangelt ihnen an Zuversicht, die man für das Voranschreiten braucht.

Glücklicherweise kann man eine kraftvollere und positivere Persönlichkeit werden, indem man sich entschließt, seinem „Frosch in die Augen zu schauen" bevor man ihn küsst. Das wird dann zur Gewohnheit, um die Situation ehrlich anzugehen und ihr nicht länger aus dem Weg zu gehen oder gar abzustreiten, dass man überhaupt ein Problem hat.

SEI REALISTISCH

Bei unseren Coachings habe ich oft mit Klienten zu tun, die von ihren unerfüllten Erwartungen enttäuscht sind. Sie wollen, dass ihnen genau das und auf genau die gleiche Weise passiert, wie es einem anderen Menschen passiert ist, und sie verhalten sich ihm daher ähnlich – aber sie kommen nicht zum gleichen Ergebnis.

Sowohl bei der Arbeit als auch im Privatleben erzeugen wir Frust und Wut oft selbst, weil wir die Messlatte auf ein sehr hohes Niveau legen. Wir denken etwas und meinen, das wäre die Art und Weise, wie wie es sein sollte.

Doch diese Denkweise verhindert so manche Ereignisse. So setzen wir unsere geistige und spirituelle Freiheit falsch ein.

Unrealistische Erwartungen, gleich welcher Natur, können zu Frust führen. Bist du frustriert, gibt es eine einfache Lösung: Finde heraus, wie du die Messlatte niedriger legen kannst. Gehe zu einem Coach, falls das nötig ist. Wenn du nichts erwartest, kann dich auch nichts enttäuschen. Aber wirf nicht gleich alle Erwartungen in den Mülleimer. Positive Erwartungen, die im Einklang mit der Wirklichkeit stehen, können eine sehr positive Stimmung und Haltung erzeugen und für ganz wunderbare Erlebnisse im Leben sorgen. Einklang und Ausgewogenheit bieten den richtigen Schlüssel. Das findet man erst heraus, wenn man sich erlaubt, ein wenig damit zu spielen und unterschiedliche Ergebnisse zu erhalten, bis man spürt, dass man völlig im Einklang mit der Wirklichkeit ist und dass einem alle Möglichkeiten offenstehen.

Einer dieser Allgemeinplätze, die jeder irgendwann einmal verstehen muss, lautet: „Die Menschen ändern sich nicht." Die grundlegenden Persönlichkeitszüge und Einstellungen verfestigen sich im Alter von 17 bis 18 Jahren und bleiben für den Rest des Lebens bestehen. Deshalb ist es immer frustrierend, wenn man andere dazu bringen will, sich zu ändern. Wie Samuel Johnson* einmal bemerkte: „Überlege ich mir, wie schwer es mir fällt, bei mir selbst die kleinen Dinge zu verändern, dann versuche ich erst gar nicht, bei anderen irgendetwas zu ändern."

Das bedeutet natürlich nicht, dass Menschen keine neuen Eigenschaften und neue Fähigkeiten lernen oder sich dessen bewusst werden können, wohin sie sich wirklich entwickeln könnten. Besteht aber nicht wirklich der Wunsch, sich zu ändern, und sei es nur, weil das harte Arbeit sein könnte, dann wird sich auch kaum etwas ändern.

Man muss sich klar machen, was man wirklich will und was wirklich realisierbar ist, wenn es auf einem persönlichen Veränderungs- und Lernprozess aufgebaut wird.

Am wichtigsten ist der Punkt, dass du weder dein eigenes Glück noch deinen Seelenfrieden opferst, weil du hoffst, dass jemand anderes sich ändert. Manchmal müssen wir zu 100 Prozent entschlossen sein, um eine echte Veränderung in uns selbst zu bewirken. Du kannst niemanden ändern, der nicht selbst diesen Wunsch dazu hat, es mit oder ohne deine Unterstützung zu schaffen. Du änderst niemanden, von dem, der er immer war, zu dem, der dir besser zusagt. Das wird nie passieren. Peter Drucker meinte einmal: „Natürlich gibt es Wunder, aber man darf sich nicht auf sie verlassen."

Insofern und soweit es realistisch betrachtet möglich ist, dass du etwas in dir änderst, an deinen Einsichten und Einstellungen, solltest du aus ganzem Herzen 100 Prozent deiner Aufmerksamkeit genau darauf richten, damit du dich wirklich und ernsthaft änderst. Man muss allerdings auch wissen, dass man geduldig mit dem Universum sein muss, damit es einen trägt. Du musst lange genug durchhalten, damit deine Übung zu einer neuen Gewohnheit wird. Aber wenn du dich dafür entscheidest, das zu tun, betrittst du deinen eigenen Weg zu Glück und Glückselig-

**1709 – 1784, britischer Dichter und Denker.*

keit. Diese Herangehensweise, deine eigene Welt zu verändern, funktioniert unabhängig von anderen Leuten und kann dir selbst echte Glückseligkeit schenken.

MIT DER WIRKLICHKEIT UMGEHEN

Jegliches Ausblenden oder Leugnen, um der Wahrheit oder Wirklichkeit deiner Situation oder der eines anderen Menschen nicht in die Augen zu schauen, ist eine der häufigsten Ursachen von Stress, Angst, negativen Gefühlen, und es kann sogar zu körperlichen oder seelisch-geistigen Erkrankungen führen. Das Gegenteil von Verleugnung ist Akzeptanz. Nimmst du eine Situation oder einen Menschen an, zu Hause oder am Arbeitsplatz, akzeptierst du es also so, wie es oder er oder sie ist, und dass sich das auch nicht von dir ändern lässt, und handelst du dementsprechend, dann löst sich der meiste durch diese Situation in dir verursachte Stress einfach in Luft auf.

TRENNE FAKTEN UND SCHWIERIGKEITEN

Viele negative Gefühle werden von einer unangemessenen Überreaktion auf einen unerwarteten Rückschlag oder eine Schwierigkeit ausgelöst. Es ist von größter Wichtigkeit, ein auftauchendes Problem sorgfältig zu analysieren, damit du es gründlich verstehst und weißt, wie du damit umgehst oder wie du es lösen kannst. Und so fängst du an:

Zuerst sorgst du für die Unterscheidung, was eine „Tatsache" und was ein „Problem" ist. Wo liegt der Unterschied? Das ist ganz einfach. Eine Tatsache kannst du *nicht ändern*. Dein Alter ist eine Tatsache, das Wetter draußen ist eine Tatsache. Manche Dinge sind einfach so. Man kann sie nicht ändern. Das sind Tatsachen.

Einer der Schlüssel zum Glück besteht darin, dass du dich nie mehr wegen einer Tatsache aufregst oder wütend wirst. Niemals wieder. Du ärgerst dich ja auch nicht über einen physischen *Gegenstand* wie etwa einen Tisch, weil du dich daran gestoßen hast – jedenfalls macht das keinen Sinn. Über *Tatsachen* ärgert man sich einfach nicht. Man akzeptiert sie und richtet sein Leben nach ihnen aus.

Ayn Rand* fasst ihre Philosophie des *Objektivismus* so zusammen: „Die Wirklichkeit ist." Tatsachen sind ein Teil der wirklichen Welt.

Was ist dann ein Problem? Ein Problem ist etwas, was sich ändern lässt. Ein nicht erreichtes Ziel ist ein ungelöstes Problem. Ein Hindernis auf deinem Weg ist ein ungelöstes Problem. Du kannst deinen Verstand und deine Fähigkeiten darauf richten, ein Problem zu lösen und dein Ziel zu erreichen. Bei Problemen handelt es sich einfach um Herausforderungen, mit denen man sich beschäftigt, während man durchs Leben geht.

VERGANGENHEIT UND ZUKUNFT

Es gibt zwei Zeitabschnitte in deinem Leben, die Vergangenheit und die Zukunft. Bei der Gegenwart handelt es sich um den kurzen Augenblick, der zwischen diesen beiden verstreicht. Zu welcher Zeit gehören die Tatsachen und zu welcher die Probleme?

Die meisten Tatsachen, die dich unglücklich machen, liegen in deiner Vergangenheit. Bei etwas, das in der Vergangenheit geschehen ist, handelt es sich um eine Tatsache. Es lässt sich nicht ändern. Das zu verstehen ist wichtig, weil sich viele Menschen in der Gegenwart unglücklich und elend fühlen, nur weil etwas in ihrer Vergangenheit nicht so geklappt hat, wie sie sich das vorgestellt hatten. Aber weil etwas in der Vergangenheit

1905 – 1982, russisch-amerikanische Autorin.

geschehen oder nicht geschehen ist, ist es jetzt eine Tatsache. Es nutzt überhaupt nichts, sich über eine Tatsache aufzuregen.

In seinem Buch *„Jetzt! Die Kraft der Gegenwart"* spricht Eckhart Tolle darüber, wie wichtig es ist, in der Gegenwart zu leben. Er erklärt, dass, wenn wir innerlich in der Vergangenheit verweilen, Gefühle von Trauer und Verlust in uns auftauchen, und wenn wir zu viel Zeit mit Sorgen vor der Zukunft verbringen, wir unnötige Angst erschaffen.

Ein Problem existiert jetzt oder in der Vorstellung von der Zukunft. Ein Problem ist eine Herausforderung, wegen der man etwas tun kann. Es ist ein Bereich, auf den man seinen Verstand und seine Fähigkeiten richten kann, um zu einem anderen Ergebnis zu gelangen. Bei einem Problem, also etwas Zukünftigem, kannst du lenken und steuern, und das Ergebnis hängt davon ab, was du in der Gegenwart tust.

DAS VERREGNETE PICKNICK

Stell dir vor, du triffst bei einer Veranstaltung einen Mann und fragst ihn: „Wie geht es dir?" Er blickt dich griesgrämig an und antwortet: „Mir geht es gut, aber ich ärgere mich noch immer darüber, was passiert ist."

Ein wenig erstaunt erkundigst du dich weiter: „Was ist denn passiert?" Und er antwortet dann: „Nun, vor fünf Jahren haben meine Familie und ich am Samstagabend einen Picknick-Korb gepackt, weil wir am Sonntag schön picknicken wollten. Aber am Sonntagmorgen war es bewölkt und dann hat es den ganzen Tag lang geregnet. Also gab es kein Picknick. Ich bin immer noch sauer."

Jetzt denkst du vermutlich: „Der hat doch nicht alle Tassen im Schrank! Der kann doch nicht mehr geradeaus denken – oder er lässt irgendetwas in der Geschichte weg. Wie kann denn jemand noch fünf Jahre später sauer sein, weil es damals geregnet hat? Das ist doch lächerlich!“

DIE SACKTRÄGER

Natürlich klingt das lächerlich – und doch sind viele Menschen heute noch wütend, verärgert oder haben niemals richtig gute Beziehungen, weil sich etwas in der Vergangenheit ereignet hat, das sich nicht mehr ändern lässt. Sie sind immer noch wütend oder traurig, weil vor Jahren eine Beziehung zerbrach, weil sie Geld falsch investiert haben oder weil sie aus irgendeinem Grund mit ihrem Arbeitsplatz unzufrieden gewesen sind.

Statt zu akzeptieren, dass es damals eben nicht geklappt hat, betätigen sie sich als „Müllträger“. Sie tragen ihren Müll immerzu mit sich herum, stets bereit, diesen auszubreiten und den Inhalt ihres Müllsacks allen, die Interesse zeigen, unter die Nase zu reiben. (Solche Leute trifft man auch oft auf Partys, oder sie sitzen gern neben dir in Bus und Bahn oder im Flugzeug.)

Wenn man Menschen coacht, die sich schwer damit tun, eine Erfahrung oder einen Rückschlag in der Vergangenheit abzuschütteln, merkt man oft, dass sie einen Lieblingsfrosch haben, an den sie sich aus irgendeinem Grund festklammern. Die Frage lautet dann: „Was nützt es dir denn, an diesem Ding, an dieser Geschichte oder an diesem Gefühl so festzuhalten?“ Das ist eine mächtig wirkende Frage. Wir klammern uns oft genug an etwas Negatives, weil es uns davor schützt, eine Chance für etwas Neues zu ergreifen oder in einer neuen Beziehung oder bei einem neuen Arbeitsplatz ein gewisses Risiko einzugehen. Sobald wir aber die Frage etwas eingehender betrachten, erkennen wir die latenten Gewinne und Verluste eines solchen Frosches. Wir wollen es nicht wirklich. Aber dann verstehen wir die Realität hinter unseren geistigen Vorstellungen und begreifen schneller, was da wirklich passiert, was wir wirklich wollen und wie wir bekommen, was wir wollen – möglicherweise auf einem ganz anderen, besseren Weg.

Eine der Eigenschaften glücklicher und ausgeglichener Menschen ist, dass sie ihren Themen aus der Vergangenheit, ihren hässlichen Fröschen, direkt in die Augen sehen, sie als Ereignisse in der Vergangenheit akzeptieren, die sich nicht mehr ändern lassen, aus ihrer Erfahrung lernen und sich dann so aktiv mit ihrem Leben und mit ihrer Arbeit beschäftigen, dass sie überhaupt nicht mehr länger darüber nachdenken.

Aber es gibt noch eine andere Methode, um einige Sachen mit sich selbst zu klären.

KLÄRUNG DURCH EINEN ANDEREN BLICKWINKEL

Wenn du, vielleicht mit Unterstützung eines guten Coaches, deinem Frosch direkt in die Augen blickst, wirst du feststellen, dass jede Medaille zwei Seiten hat. Es ist dir sicher schon aufgefallen, dass zwei Menschen, die beide Zeugen eines Streits werden, zwei völlig unterschiedliche Standpunkte und sogar sich wiedersprechende Interpretationen der Geschehnisse haben können. Wir nehmen die Wirklichkeit je nach unserem Standpunkt wahr. Sie wird durch unsere Sinne gefiltert und durch unsere Deutungsgewohnheiten, die unter anderem von unseren Eltern und Lehrern stammen. All das ergibt unsere Wirklichkeit, aber all das ist fast nie die ganze Wirklichkeit.

Wir können unsere Sicht auf Ereignisse in der Vergangenheit auf vielerlei unterschiedliche Arten ändern. Wir können uns z. B. dafür entscheiden, etwas Dramatisches als lächerlich aufzufassen, so wie wir die Beleuchtung eines Zimmers ändern könnten, um unser Szenenbild von der Realität wie mit einer Kamera im Dunkeln gefilmt völlig anders wirken zu lassen – und damit völlig andere Gefühle zu erhalten.

Innerlich sind wir völlig frei, die Perspektive zu ändern, aus der wir ein vergangenes Ereignis betrachten. Weil ein anderer Blickwinkel auf eine Erinnerung aus der eigenen Vergangenheit die Gefühle völlig verändern kann, können wir die emotionalen Auswirkungen auf unsere heutige Gegenwart von jetzt an und ein für alle Mal verändern. Das gelingt manchmal in einer einzigen Coaching-Sitzung! Wenn wir eine Sicht erlangt haben, in der wir uns frei fühlen und als Herr über unsere Entscheidungen und mit der Kraft handeln, unser Leben in der Gegenwart zu leben, beschäftigt uns eine negative Vergangenheit kurz darauf und für den Rest unseres Lebens überhaupt nicht mehr.

DIE LAGE ANALYSIEREN

Eine Art, ganz alleine die Kontrolle über eine negative Situation zu erlangen, besteht darin, sie sorgfältig zu analysieren. Das geschieht, indem man sich die richtigen Fragen stellt. Du kannst unmöglich verärgert sein, wütend oder außer Kontrolle, wenn du dich darauf konzentrierst, dir zielführende Fragen zu stellen und zu versuchen, eine Situation zu begreifen oder eine Veränderung, die stattgefunden hat, richtig zu erfassen.

Hier sind vier Fragen, die du stellen kannst, um eine Situation zu meistern:

Erstens: *„Was genau ist geschehen?“* Bei diesem Schritt brauchst du etwas Geduld. Versuche, genau zu sein. Greife niemanden an und gib nichts und niemandem die Schuld an dem, was vorgefallen ist. Stattdessen konzentrierst du dich auf Klärung und Verständnis. Sei ruhig und unemotional. Betrachte den Vorfall noch einmal vor deinem geistigen Auge, so als wärst du nur eine Videokamera (z. B. ohne Tonaufnahme), die das Ereignis nicht aus deiner damaligen Lage sondern losgelöst von dem Geschehen von außen betrachtet zeigt.

Zweitens: *„Wie ist es geschehen?"* Stell dir vor, du sammelst Beweise für einen Außenstehenden. Es geht dir also um die Genauigkeit im Verständnis der Wirkmechanismen und nicht um Schuldzuweisungen. Frage ruhig noch einmal nach, damit du alle Einzelheiten verstehst.

Drittens: *„Was könnte ich nun tun?"* Lenke deine Gedanken auf die Zukunft, auf das, was getan werden kann, und nicht auf das, was geschah und jetzt sowieso nicht mehr zu ändern ist. Dies macht dich viel positiver und du kontrollierst deine Gefühlslage in dieser Situation.

Viertens: *„Was machen wir jetzt?"* Statt dich zu sorgen oder dich in Selbstmitleid und Reue zu suhlen, beginnst du jetzt sofort zu handeln und alles zu tun, was du kannst, um die Situation aufzulösen und einen Schritt weiter zu kommen.

VERSUCHE ZU VERSTEHEN

In seinem Buch *„Die 7 Wege zur Effektivität: Prinzipien für persönlichen und beruflichen Erfolg"* schreibt Steven Covey*, dass man immer zuerst versuchen sollte, die Situation zu verstehen, und sich erst danach darum kümmern sollte, auch verstanden zu werden.

Konzentriere dich darauf, die Situation eindeutig zu verstehen, bevor du sie beurteilst oder zu einer Schlussfolgerung kommst und Konsequenzen ziehst. Statt den Anderen zu erzählen, was sich deiner Meinung nach ereignet hat, hörst du auf die Anderen, bis du genau verstehst, was sie von dieser unangenehmen Situation halten.

Vermeide die Tendenz, die Dinge zu dramatisieren oder gar zu katastrophisieren, also in einer schwierigen Situation immer gleich das Schlimmste zu denken oder zu erwarten. Keine Suppe wird so heiß gegessen, wie sie gekocht wird. Wenige Dinge sind wirklich so schlimm, wie sie anfangs erscheinen.

**Dr. Stephen Covey ist einer der berühmtesten Sachbuchautoren der USA*

Vermeide auch den üblichen Fehler, Wechselbeziehungen für Ursachen zu halten. Nur weil sich zwei Ereignisse gleichzeitig ereignet haben, muss eines noch lange nicht der Auslöser des anderen gewesen sein. Dieser Denkfehler führt dazu, dass man vorschnell urteilt – und dazu auch noch falsch urteilt. Oft genug handelt es sich bei zwei gleichzeitigen Ereignissen wirklich nur um einen Zufall, und keines der Ereignisse hat mit dem anderen direkt zu tun.

Der Schlüssel zur Analyse einer Situation, um ruhig und souverän zu bleiben und alles zu meistern, liegt im ständigem Hinterfragen und im Sammeln von Informationen. Manchmal zeigt sich etwas, das wie ein schlimmer Rückschlag oder wie ein echtes Problem aussah, als gar nicht so schlimm, wie man anfangs gedacht hat. Oft ist das, was zunächst wie ein Problem wirkt, die Möglichkeit für eine Veränderung, die sich im Nachhinein als Segen herausstellt.

Sich selbst darin zu üben, zu akzeptieren statt auszublenden, und zu konfrontieren statt einem Problem auszuweichen, dem Frosch also in die Augen zu sehen statt so zu tun, als sei er gar nicht so eklig – das sind die Kennzeichen, die alle erfolgreichen Menschen auszeichen. Menschen, die konstruktiv und positiv auf das unvermeidliche Auf und Ab im Beruf und im täglichen Leben reagieren, zählen in jeder Organisation zu den besonders Angesehenen.

DER SORGENKNACKER

Eine der besten Methoden, Sorgen in jeder Lage zu vertreiben, die Stress oder Angst verursacht, ist der „Sorgenknacker".

Bei der Sorgenknacker-Methode macht man vier Schritte:

Erster Schritt: Definiere die Sorgen-Situation ganz *eindeutig*. Was genau macht dir Sorgen?

Viele Menschen sorgen sich wegen vager oder unklarer Dinge. Ihre Gedanken sind durcheinander. Wie Kinder in der Nacht spüren sie Angst, haben aber keine Ahnung weshalb. Oder sie haben nicht genug Informationen und überreagieren nur deshalb.

In der Medizin sagt man, dass eine genaue Diagnose schon die halbe Heilung sei. Indem du ganz präzise bestimmst, was dir wirklich Sorgen macht, am besten soweit möglich schriftlich auf Papier, findest du häufig sofort die Lösung, die deine Sorgen beendet. Das schriftliche Notieren dient dazu, die eigenen Gedankenprozesse zu klären, denn man bekommt dadurch einen Überblick über alles, was man in Betracht ziehen muss.

Zweiter Schritt: Überlege dir den *schlimmstmöglichen* Ausgang der Situation, die dir Sorgen bereitet. Was würde denn im schlimmsten Fall passieren?

Die meisten negativen Gefühle und Sorgen werden durch Ignorieren bzw. Ausblendung ausgelöst. Man fühlt sich dann ganz außergewöhnlich gestresst, weil man einfach die Realität der Situation leugnet. Man will nicht, dass all das wirklich passiert. Man hofft, dass es vorbeigeht oder weniger schlimm wird, wenn man die Augen verschließt. Aber das klappt eigentlich nie. Bleibst du untätig, wirst du zum Spielball der Handlungen anderer Leute, die dann Ursache dessen sind, was dir zustößt. Handelst du allerdings selbst, dann beherrschst du die Ereignisse, die dann entstehen. Die anderen passen sich dann oft auch ganz gern an das an, was du tust, um in eine bessere Zukunft zu steuern. Also: Sei immer einer der pro-aktiven Mitspieler, ein Schöpfer.

Wenn du die schlimmsten Dinge benannt hast, die aus dieser schwierigen Situation entstehen könnten, stellst du oft fest, dass sie gar nicht so schlimm sind wie gedacht. Man könnte damit leben, wenn es sich nicht vermeiden lässt. Vielleicht geht eine Beziehung zu Ende, aber das bringt dich nicht um. Vielleicht verlierst du sogar eine ganz schöne Menge an Geld, aber du gehst noch lange nicht Pleite. Und selbst wenn du Pleite gehst, dann handelt es sich doch bei der Situation, um die du dir Sorgen machst, um eine Tatsache – und der musst du dich ja auch stellen. Du kannst das Geld später im Leben wieder verdienen, auf eine andere Art, an einem anderen Ort. Denke positiv! Betrachte einmal die Vorteile. Manchmal muss man das Alte (die Vergangenheit) loslassen, damit man in eine bessere und schönere Zukunft gehen kann.

Wenn es einmal um ein Gesundheitsproblem geht, dann muss es unmittelbar angegangen werden. Spiele keine Spielchen mit dir selbst. Tue alles Menschenmögliche, um das Gesundheitsproblem zu lösen. Vertraue den Fachleuten UND einer höheren Macht. Es gibt einen schönen Satz in der Bibel: „Richtet wohl aus und behaltet das Feld." [Epheser 6, 13]. Oder ähnlich auch im deutschen Volksmund: Hilf dir selbst, dann hilft dir Gott! In erster Linie muss man selbst aktiv werden.

Dritter Schritt: Entscheide dich, das Schlimmste zu *akzeptieren*, falls es eintreten sollte. Weil Stress zum Großteil daher kommt, dass wir uns weigern, das schlimmstmögliche Ergebnis zu identifizieren und uns dann vielleicht noch weigern, es zu akzeptieren, falls es wirklich so weit kommen sollte. Akzeptieren wir aber, wie es wirklich ist, dann verschwindet der Stress. Man fühlt sich plötzlich still und ruhig. Akzeptierst du, statt zu leugnen, übernimmst du die völlige geistig-mental und emotionale Kontrolle über eine Situation.

Vierter Schritt: Fange sofort damit an, ausgehend vom Schlimmsten, etwas zu *verbessern*. Unternimm alles Menschenmögliche, um den Schaden zu begrenzen, die Kosten zu kontrollieren und die Verluste zu minimieren. Das heißt: Beende alles, was zu weiteren Sorgen führt und zu einem weiteren Verlust von Kraft und guter Energie, von Zeit oder Geld, von allem was weder Freude noch Erfolg bringt. Auf lange Sicht betrachtet brauchst du beides, wenn du ausgeglichen und glücklich leben willst: Freude und Erfolg. also ändere alles, was geändert werden muss, jetzt sofort. Handle, um deine Schwierigkeiten zu beseitigen, und zwar so, dass du keine Zeit mehr hast, dir Sorgen zu machen. In Hamlet schreibt Shakespeare: „Sich waffnend gegen eine See von Plagen, [um] durch Widerstand sie [zu] beenden."

ÜBUNG Sich seinen Problemen stellen, um sie zu beenden.

Denke an einen Rückschlag, der sich vor kurzem ereignet hat, und stelle dir die vier Fragen von vorher. Beobachte, was dir durch den Kopf geht, wenn du diese Fragen beantwortest – am besten kurz schriftlich. Was verändert sich an der Art und Weise, wie du die Situation wahrnimmst?

1.) Was genau ist geschehen?
2.) Wie ist es geschehen?
3.) Was kann ich tun?
4.) Was werde ich tun?

KAPITEL 4 – BEFREIE DEN SUMPF VON EKLIGEN FRÖSCHEN

„Tatsächlich erfahren wir alle in unserem Leben den größten Erfolg und das größtmögliche Glück, wenn wir die uns angeborenen Fähigkeiten am stärksten nutzen.“
(Smiley Blanton)*

Deine Lebensaufgabe ist es, glücklich zu sein. Glück und Seelenfrieden sind die höchsten Werte des Menschen und letztlich Sinn und Zweck fast all unserer Verhaltensweisen. Wie sehr du dein eigenes Glück erreichst, ist der Gradmesser, wie erfolgreich du als Mensch gewesen bist.

Die gute Nachricht lautet, dass es nie einfacher war als heute, Glück und Erfüllung in jedem Bereich des Lebens zu erreichen.

Heute kennen wir die Ursachen des Glücklich- und Unglücklichseins besser als je zuvor. Wir haben in den letzten zwei Jahrzehnten mehr über die Funktionsweise des Gehirns bei der Empfindung von Glück und anderen Vorgängen im Gehirn erfahren als in allen Zeiten davor.

1882 – 1966, amerikanischer Psychiater und Psychoanalytiker.

Als Brian in seinen Zwanzigern war, voller Pläne und darauf bedacht, ein glückliches, erfüllendes Leben zu leben, begann er sich für das Thema Glück zu interessieren. Die Tausende von Stunden, in denen er Bücher über Philosophie, Psychologie, Religion und Erfolg gelesen hat, ermöglichten ihm einen außergewöhnlichen Einblick in das Thema.

DAS HAUPTHINDERNIS

Ich fand heraus, dass *negative Emotionen*, also die hässlichen Frösche, die sich ganz hinten in deinem geistigen Teich breitgemacht haben, das Haupthindernis sind, warum du nicht das Glück genießt, das dir zusteht. Negative Emotionen aus allen möglichen Quellen sind die Wurzel von fast allem Unglücklichsein, von allem Elend und dem Frust im Leben oder bei der Arbeit, sowohl ganz persönlich wie auch allgemein, national wie auch international. Wirst du erst einmal deine negativen Emotionen los, veränderst du damit dein ganzes Leben!

Ich habe damals auch herausgefunden, dass unser Geist eigentlich einem *Vakuum* gleicht. Er kann nicht lange leer bleiben. Wenn du einmal die negativen Emotionen losgeworden bist, füllt sich dein Geist naturgemäß mit neuen Gedanken und Emotionen. Damit er sich mit positiven Gefühlen wie Glück, Freude, Aufregung, Liebe und Frieden neu füllt, muss man seine Gedanken ausrichten und sich auf die Ereignisse und Projekte konzentrieren, die aus dir heraus zu positiven Gefühlen und Ergebnissen führen. Wenn man das Unkraut los geworden ist, kann man Blumen säen und wachsen lassen.

Zum Glück wissen wir heute mehr über negative Emotionen und fixe Ideen, die Menschen davon abhalten, ihr volles Potenzial für Erfolg und Leistung zu verwirklichen, als das früher jemals der Fall war. Manchmal befreit dich eine einzige Idee oder Einsicht, die dich ein Ereignis in der Vergangenheit in neuem

Licht betrachten lässt, so sehr, dass du in diesem Bereich nicht mehr derselbe bist. Von da an bist du ein völlig anderer Mensch.

DAS NEGATIVE WIRD MANCHMAL ETWAS POSITIVES

Wenn du zum Beispiel deinen Arbeitsplatz verlierst und wütend auf deinen Arbeitgeber bist, weil das alles ungerecht und unfair ablief, dann findest du anschließend vielleicht eine viel bessere und auf deine besonderen Talente und Fähigkeiten besser zugeschnittene Arbeit mit Kollegen, die du wirklich magst, und bei der du sogar noch mehr verdienst als es bei deiner alten Stelle je möglich gewesen wäre. Im Rückblick begreifst du, dass dir dein Chef durch die Kündigung einen großen Gefallen getan hat. Jetzt bist du nicht mehr wütend, sondern dankbar.

Wenn du aus alter Gewohnheit nur schwer verzeihen kannst, dann lerne es jetzt! Je mehr du verzeihst, desto mehr Dankbarkeit kannst du empfinden. Je dankbarer du in deinem Herzen bist, desto mehr wunderbare, gute Gedanken werden in dir aufkommen. Empfinde also mit voller Absicht mehr Dankbarkeit und entscheide dich bewusst, noch größere Dinge im Leben zu entdecken, um von nun an noch dankbarer zu sein. Die Macht, zu wählen in welcher Richtung und in welcher Art und Weise du denkst, wird immer wieder neue und unvergleichbar gute Sachen in dein Leben bringen.

Eine der hilfreichsten Angewohnheiten, die man sich selbst aneignen sollte, besteht darin, in allem, was geschieht, die *wertvolle Lektion zu finden*, insbesondere in negativen Erfahrungen. Erlebst du einen unerwarteten Rückschritt oder ein zeitweiliges Scheitern (einen kalten, schleimigen *Frosch*), dann entscheide dich dafür, dass du – weil du deine Gedanken völlig beherrschen kannst – daraus eine Lehre und den Nutzen ziehen willst, die dir diese Situation ermöglichen. Häufig kannst du in Folge des

Hindernisses oder Problems neue Einsichten, Ideen, Zuversicht und neue Möglichkeiten erkennen. Welches ist die wertvollste Lektion, die in deinem aktuell größten Problem enthalten ist?

ÜBERNIMM DIE KONTROLLE ÜBER DEINEN VERSTAND

Um der bestmögliche Mensch zu werden, der du sein könntest, müsstest du ganz am Anfang beginnen. Das Gesetz der Kontrolle besagt: „Du bist in dem Maße glücklich, in dem du spürst, dass du dein eigenes Leben *LENKST*. Du bist in dem Maße unglücklich, wie du fühlst, dass du dein eigenes Leben *nicht lenken kannst* oder in dem irgendwelche Umstände oder anderen Menschen dein Leben bestimmen."

Entweder hast du ein „inneres Gespür für´s Lenken", aus dem heraus du dein Leben beherrschst, oder du erlebst einen „externen Kontrollpunkt", aufgrund dessen du fühlst, dass dich die Umstände oder andere Menschen irgendwie lenken – dein Chef, deine Rechnungen, deine Gesundheit und dass du dagegen nichts tun kannst.

Psychologen sind sich heute darüber einig, dass dieses „innere Gefühl für Kontrolle" einer der bestimmenden Faktoren für Stress oder fehlenden Stress ist, für Glücklich- oder Unglücklichsein, und für praktisch jede innere Störung, sei sie nun geistig oder emotional.

Tatsache ist nun einmal, dass es nur ein einziges Ding gibt, das du zu 100 Prozent lenken und kontrollieren kannst, oder was du zumindest lernen kannst: deinen Verstand. Du bestimmst, was du denkst. Victor Frankl, der das Konzentrationslager in Auschwitz überlebte, sagte: „Die bis zuletzt bleibende Freiheit des Menschen ist, seine Haltung in jeder Situation selbst zu wählen." Erlaube dir selbst, diese Einsicht so früh wie möglich und so vollständig wie es geht zu nutzen. Du solltest ein Meister darin werden, deine Bewusstheit so zu lenken, dass du deine

Gedanken und Gefühle grundsätzlich selbst ausrichtest und lenkst, damit du den Flow von größter Freude, von Erfolg und von Liebe für möglichst viele Menschen in deinem Leben erlebst.

Wenn du dich darauf konzentrierst, negative Emotionen jeder Art zu eliminieren, bereitest du den Boden für viele wunderschöne Pflanzen, die du in den Garten pflanzen kannst, der dein Leben ist. Zum Glück kann man negative Emotionen durch eine Reihe bewährter Methoden und Techniken auflösen und aus dem System werfen. Viele davon brauchen nur wenige Sekunden, bis sie wirken. Auf den folgenden Seiten wirst du lernen, wie das geht.

ÜBUNG Negative Emotionen ersetzen

Von heute an achtest du auf deine Gedanken. Wenn du dich wegen etwas aufregst, wenn dich irgendetwas frustriert oder negative Gefühle auslöst, atmest du tief durch und entschließt dich, das nicht weiter zu nähren. Du entscheidest dich dafür, deine Gedanken auf etwas Neues zu konzentrieren, und du denkst ab jetzt sofort daran.

In Daniel Golemans Buch „Emotionale Intelligenz" beschreibt er den „emotionalen Schneeballeffekt". Die negativen Emotionen beginnen ganz klein, aber je mehr Energie und Aufmerksamkeit man ihnen widmet, desto größer werden sie.*

Entscheide dich dafür, dich auf positive Gedanken und Gefühle zu konzentrieren. So hungerst du die negativen aus. Denke immer daran DU entscheidest, was du denkst! Damit das leicht wird, denke einfach an all das, was dein Herz singen und tanzen lässt. Denke an Dinge, die du heute lernen könntest, damit du die Kenntnisse und Fähigkeiten gewinnst, mit denen du neue Ereignisse in dein Leben ziehen und die du erschaffen kannst, was dann zu neuen Tatsachen führt, die viel besser sind, als das, woran du bisher gedacht hast.

*geb. 1946, amerikanischer Psychologe und Wissenschaftsjournalist.

PROGRAMMIERE DICH, OPTIMISTISCH ZU SEIN

Woher kommen eigentlich unsere Emotionen? Was war zuerst da – der Gedanke oder das Gefühl? Tatsächlich ist *zuerst der Gedanke* da, noch vor dem Gefühl. Und das Gefühl geht einem Entschluss und einer Tat voraus.

Zuerst denkt man oder nimmt neue Informationen auf. Dann interpretiert und deutet man den Gedanken entweder als positiv oder negativ. Deine Interpretation erzeugt dann das entsprechende Gefühl, und dieses Gefühl löst dann eine Aktion oder Reaktion aus.

Anders gesagt: DU bestimmst dein Gefühlsleben und vieles von dem, was dir zustößt und und zwar durch die Art und Weise, wie du über bestimmte Ereignisse oder Erfahrungen denkst, bzw. wie du wählst darüber zu denken. Du bist der Mensch, der jedem Aspekt deines Lebens einen bestimmten *Sinn beimisst*, niemand sonst macht das in dir. Wenn du nicht lernst, das mit voller Absicht zu tun, dann passiert das bei dir auf Autopilot! Wie dein Herzschlag und deine Atmung auch auf Autopilot laufen, so funktioniert auch der Fluss deiner Gedanken per Autopilot. Die automatische Art deiner Gedanken ist aber von deiner Vergangenheit geprägt und von deiner gegenwärtigen Umgebung, die du gewählt hast, die ja auch deine Erfahrungen beeinflusst. Deine Vergangenheit bestimmt also dein Gefühlsleben – es sei denn, du kehrst in die Gegenwart zurück und entscheidest dich hier und jetzt für positive Gedanken.

Viele Menschen denken entsprechend dem „Reiz-Reaktion" – Modell der Verhaltenspsychologie, das in den Universitäten gelehrt wird: Ein bestimmter Reiz löst eine bestimmte Reaktion aus. Bei Menschen kann ein bestimmter Reiz sehr direkt eine bestimmte Reaktion auslösen. Ein Großteil deines Denkens und Fühlens verläuft automatisch und instinktiv, also reagierst du einfach so, wie du es in der Vergangenheit immer und immer wieder getan hast.

Das also führt dazu, dass die besten Denker, die glücklichsten und erfolgreichsten Menschen *anders* denken und reagieren als der Durchschnittsmensch. Bei jedem Reiz reagieren sie nicht unmittelbar, sondern sie nehmen sich die Zeit, um über das nachzudenken, was gerade geschieht und wie sie am besten darauf reagieren. Es ist dieser Augenblick des „Nachdenkens" zwischen Reiz und Reaktion, in dem sich alles Individuelle unseres Lebens entscheidet.

DIE KRAFT DER BEDACHTSAMKEIT

Wenn du dir angewöhnst, positiv und konstruktiv über die Ereignisse deines Lebens nachzudenken, *bevor* du reagierst, dann wirst du feststellen, dass du bessere Entscheidungen triffst und konstruktiver handelst als Leute, die einfach nur *re*-agieren (!), also ohne über mögliche Folgen groß nachzudenken nur automatisch reagieren.

Wenn du dein Leben im Rückblick betrachtest, findest du heraus, dass viele deiner Fehler, die zu Unglück und Bedauern geführt haben, deshalb passiert sind, weil du nicht genug über all die Dinge nachgedacht hast, bevor du reagiert hast.

DAS GESETZ VOM ERSETZEN: SUBSTITUTION

Dieses Prinzip besagt, dass du in deinem Geist immer nur *einen einzigen* Gedanken pro Augenblick fassen kannst, sei er positiv oder negativ. Es besagt außerdem, dass du einen negativen Gedanken ganz bewusst durch einen positiven Gedanken *ersetzen* kannst. Du entscheidest dich dafür, einen Gedanken zu denken, der dich gut fühlen lässt oder der dich glücklich macht, und du ersetzt damit den Gedanken, der dich unglücklich macht. Nutze diese Substitution.

Dr. Martin Seligman* von der University of Pennsylvania hat 22 Jahre lang das Thema „Optimismus“ erforscht. Eine seiner wichtigsten Schlussfolgerungen besagt, dass Menschen vor allem aufgrund ihres „Erklärungsstils“ optimistisch oder pessimistisch sind. Der Erklärungsstil definiert sich als „die Art und Weise, wie man sich selbst Ereignisse interpretiert oder *umdeutet*“. Jeder Mensch nimmt und interpretiert ein Ereignis oder eine Situation auf seine ganz ureigene Weise, und je nach Wahrnehmung ereignen sich die Gefühle dann automatisch als Folge der Interpretation. Wahrnehmung ist **Realität**. Deshalb hört man immer, jede Sache hätte drei Seiten: eine von der ersten Person, eine von der zweiten, und schließlich das, was tatsächlich passiert ist.

DU KANNST EINE SITUATION NEU DEUTEN

Beim Neurolinguistischen Programmieren spricht man von „Framing“ und „Re-Framing“. Das liefert eine andere Sichtweise auf das, was wir gerade beschrieben haben. Nicht die Situation an sich lässt dich glücklich oder unglücklich sein. Es ist deine Interpretation der Situation, entweder als positiv oder negativ, die das zugehörige Gefühl auslöst. Indem man eine Situation aus seiner Vergangenheit einem „Re-Framing“ unterzieht, sich also einen neuen Bezugsrahmen dafür vorstellt, merkt man, dass sich die emotionale Reaktion darauf komplett verändert, und dass man die alten negativen Gefühle endlich los wird.

Wenn du zum Beispiel zum ersten Mal einen kalten, schleimigen Frosch ansiehst (oder irgendeine schwierige Person oder Situation), und dir vorstellst, dass du ihn anfasst oder in seiner Nähe bist, ekelt dich das vielleicht. Deutest du das allerdings neu und überlegst dir, das sich Frösche von Stechmücken ernähren und ein Mückenstich doch ziemlich unangenehm ist, dann kannst du den Frosch vielleicht auch wertschätzen.

**geb. 1942, amerikanischer Psychologe.*

Dieses Re-Framing ist ein wichtiges Instrument in der Psychotherapie. Es ermöglicht Patienten häufig eine neue Blickweise auf ihre Lage und ihre entsprechenden Gefühle verändern sich völlig. Wenn du etwa wegen deiner schweren Kindheit unglücklich bist, dann überlegst du, wie deine Erfahrungen als Kind dazu beigetragen haben, dass du ein besserer Erwachsener geworden bist. Das kann deinen Blickwinkel vollkommen verändern. Du kannst den Schwierigkeiten als Heranwachsender dann sogar danken, denn sie haben dich zu dem wunderbaren Menschen gemacht, der du heute bist.

In diesem Bereich ist auch die Sprache von Bedeutung. Die Worte, mit denen du eine Situation beschreibst, lösen Gedanken, Gefühle und Reaktionen aus, sowohl positive wie negative. Achte also darauf, deine Worte sorgfältig zu wählen.

BRIANS GESCHICHTE

Ich will dir meine eigene Geschichte erzählen. Ich stamme aus einem armen Elternhaus ohne Geld und mit nur wenigen Möglichkeiten. Ich habe keinen High-School-Abschluss. Ich war mehrere Jahre lang als einfacher Arbeiter beschäftigt, spülte Geschirr, grub Gräben und Brunnen. Als ich Mitte Zwanzig war, arbeitete ich als Vertreter, und wurde dort schliesslich erfolgreich. Dann ging ich ins Verkaufsmanagement – und wurde noch erfolgreicher. Als ich 30 Jahre alt wurde, hatte sich mein Leben umgekrempelt und ich stieg die Karriereleiter hinauf.

Während sich mein Los verbesserte, atmete ich eines Tages tief durch und kaufte mir mein Traumauto, einen zwei Jahre alten Mercedes Benz, S-Klasse, silbergrau mit blauen Ledersitzen. Ich konnte mein altes Auto als Anzahlung geben und verteilte die Raten auf fünf Jahre, um das finanzieren zu können. Ich hatte endlich das Auto, das ich mir immer gewünscht hatte.

Wenn ich auf der Autobahn auf das Gaspedal drückte, rollte es wie ein großes Schiff über den Asphalt und wurde immer schneller, bis ich wieder bremsen musste, damit ich kein Knöllchen bekam. Nachdem ich dieses große, PS-starke Auto ein Jahr lang gefahren hatte, brachte ich es zu einer Mercedes-Fachwerkstatt zu einer Inspektion.

EIN KLEINES TEILCHEN

Als ich das Auto wieder abholte, erklärte mir Mario, der Mechaniker, dass er ein Problem mit dem Vergaser entdeckt habe. Irgendein Mechaniker hatte ein Teil falsch herum eingebaut, und deshalb hatte der Motor nicht genug Treibstoff bekommen. Mario hatte ein neues Ersatzteil eingebaut, und zwar richtig herum. Er meinte: „Pass auf beim Gasgeben, du wirst den Unterschied **merken**."

Ich war mit meinem Auto eigentlich ziemlich glücklich und zufrieden gewesen. Es fuhr ruhig und so schnell, wie ich auf der Autobahn zu fahren wagte. Als ich mich dann ins Auto setzte, den Zündschlüssel umdrehte und kaum das Gaspedal betätigte, schoss der Wagen wie eine Rakete nach vorn. Ich musste eine Vollbremsung einlegen, damit ich nicht auf die Straße und in ein anderes Auto raste.

Von da an durfte ich nur ganz leicht auf das Gaspedal treten. Selbst der sanfteste Tritt ließ das Fahrzeug unheimlich schnell losschießen, von 0 auf 100 in fünf Sekunden. Ich musste mich bremsen, damit es mir nicht durchging. All das kam vom Austausch eines winzigen Teils im Vergaser!

DU VERFÜGST ÜBER AUßERGEWÖHNLICHE FÄHIGKEITEN

Ich will damit sagen: Dein Geist und dein Potenzial gleichen einem perfekt gebauten Mercedes. Aber auch wenn sich dein

Leben zufriedenstellend oder sogar ziemlich erfolgreich anlässt, kannst du immer noch – tief in deinem Geist – eine negative Erinnerung oder eine Blockade haben, einen hässlichen Frosch, der dich daran hindern kann, außergewöhnliche Dinge in deinem Leben zu erreichen. Findest du diese Blockade und entfernst sie, kannst du in wenigen Wochen oder Monaten größere Fortschritte machen als in vielen Jahren zuvor.

Im nächsten Kapitel lernst du, diese verborgenen Blockaden zu finden, die dich zurückhalten. Du erfährst, wie du auf ein unerschöpfliches Reservoir an Kraft, Ehrgeiz und Enthusiasmus zurückgreifen kannst, um sie in eine gewünschte Richtung zu lenken. Du wirst bewährten Konzepte und Einsichten nutzen, die dein Leben verändern können.

ÜBUNG

Finde einen Bereich, in dem du auf irgendjemanden aus deiner Vergangenheit irgendwo immer noch wütend bist oder wo du immer noch an eine negative Erfahrung denkst, die dich daran hindern könnte, deine ganze Kraft in deine Arbeit oder dein Privatleben zu investieren.

Entscheide dich heute noch dafür, dass du diese negative Erfahrung positiv neu interpretieren wirst, aus ihr lernen wirst, sie loslassen wirst, und dass du deine gesamte Aufmerksamkeit auf deine Ziele und die Zukunft ausrichten wirst, statt immer noch über die Vergangenheit nachzudenken.

KAPITEL 5 – ENTWÄSSERE DEN SUMPF

> ***„Die Menschen geben immer den Umständen***
> ***die Schuld für das, was sie sind.***
> ***Ich glaube aber nicht an Umstände.***
> ***In dieser Welt kommen all die Menschen voran,***
> ***die sich aufmachen und sich die Umstände suchen,***
> ***die ihren Wünschen entsprechen,***
> ***und die sie sich selbst erschaffen,***
> ***falls sie sie nicht finden konnten."***
> *(George Bernard Shaw*)*

Jeder Mensch will glücklich und erfüllt sein. *Jeder will* Freude, Zufriedenheit, glückliche Beziehungen und inneren Frieden haben. Wieso also erfahren dann so viele Leute – nach eigenem Eingeständnis – ein Leben voll von stiller Verzweiflung?

In praktisch allen Fällen kann der Mangel an Glück und persönlicher Erfüllung, wie schon gesagt, auf negative Emotionen und diese Blockaden zurück geführt werden, die sich dadurch auf unserem Lebensweg zeigen. Es sind all diese ekligen Frösche tief im geistigen Sumpf, die uns in den Rücken fallen und uns zurückhalten.

**1856 – 1950, berühmter irisch-britischer Autor.*

Weil wir als Kinder destruktive Kritik und nicht genug Liebe erfahren haben, entwickeln Kinder schon sehr früh negative Emotionen. Werden sie dann erwachsen, können diese Emotionen immer intensiver werden und ihrerseits weitere negative Emotionen unterschiedlichster Art und Weise erzeugen.

Die wichtigste negativen Emotionen, die Menschen erleben, sind Ängste, Zweifel, Sorgen, Neid, Eifersucht, Hass, Vorbehalte, das Gefühl, nicht gut genug zu sein, etwas nicht verdient zu haben und Minderwertigkeitsgefühle im Vergleich mit Anderen.

Angst, Zweifel und Sorge entstehen, wenn ein Kind für alles kritisiert wird, was es tut. Wenn es einmal etwas Bemerkenswertes erreicht, mag auch das nicht genug sein und stellt die Eltern nie zufrieden. Viele Eltern zeigen recht selten ihre Liebe oder Anerkennung, oder reagieren mit Liebesentzug und verweigern ihre Anerkennung, wenn das Kind ihre Erwartungen nicht auf eine ganz bestimmte Weise erfüllt.

WIE EMOTIONEN UNSERE URTEILSFÄHIGKEIT VERZERREN

Alle Emotionen, insbesondere negative Emotionen, verzerren unsere Bewertungen. Ein Mensch, der von einer negativen Emotion gepackt ist, kann weder klar noch rational denken. Je intensiver die negative Emotion, desto weiter entfernt sich der, der an ihr leidet, von der Wirklichkeit und kann keine vernünftigen Schlussfolgerungen mehr ziehen. So jemand redet und verhält sich dann ganz oft nicht nur völlig unerklärlich, sondern auch vollkommen destruktiv.

Vor einigen Jahren schrieb die Autorin Abigail Trafford nach einer besonders bitteren, zwei Jahre langen Scheidungsschlacht das Buch „*Crazy Time*“. Darin schildert sie, wie das emotionale Chaos der sich zwei Jahre lang hinziehenden Scheidung sie dazu brachte, sich auf eine Weise zu verhalten, die sie, als die Scheidung endlich durch und sie wieder normal war, nicht mehr verstehen konnte. Sie meinte, sie sei in der gesamten Zeit wegen der intensiven Negativität, die sie gefühlt hatte richtiggehend „wahnsinnig" gewesen. Viele Leute haben in emotional stressigen Situationen sehr ähnliche Erfahrungen gemacht. Emotionen verzerren unser Urteilsvermögen.

WO NEGATIVE EMOTIONEN HERKOMMEN

Es gibt fünf Hauptfaktoren, warum Menschen negative Emotionen erschaffen und an diesen dann festhalten. Dabei handelt es sich um einige der schlimmsten Frösche, die ganz tief in den finstersten Gewässern der emotionalen Sümpfe auftauchen. Es sind: *Rechtfertigung, Identifikation, Übersensibilität, Vorverurteilung und Rationalisierungen.* Um dich von negativen Emotionen zu befreien, musst du ihre Ursachen erkennen, damit du sie loswirst oder sie schon gleich vor ihrer Entstehung verhinderst.

1. Rechtfertigung: Wir rechtfertigen unsere Negativität und unser Recht darauf, wütend zu sein. Negative Emotionen können nicht lange bestehen, wenn du nicht vor dir selbst und vor anderen rechtfertigen kannst, dass du sie auslebst. Du musst erklären können, warum du das Recht hast, dich in einer bestimmten Situation wegen eines anderen Menschen so zu fühlen.

Wenn man über eine negative Situation redest, ist man oft wie besessen davon, diese Negativität aus vielerlei Gründen zu rechtfertigen. Man redet beim Autofahren mit sich selbst, verteidigt sich und streitet sich gehörig mit Leuten, die gar nicht anwesend sind. Sowas kann einen die ganze Nacht lang wach halten.

Je mehr man sich rechtfertigt und sich selbst davon überzeugt, dass immer der andere irgendwie *böse* ist, man selbst aber rein und unschuldig, und man deshalb das fühlen DARF, was man eben fühlt, desto wütender und aufgeregter wirst du.

Es geht also darum, dass es sicherlich eine Situation gab, in der du verletzt worden bist, die dich wütend gemacht hat, die ungerecht war. Aber du bist der einzige Mensch, der dieser Erfahrung deine Emotion zuordnet. Du allein entscheidest, ob du daran festhältst oder ob du es loslässt. Du kannst die Situation in einen neuen Rahmen stellen, indem du die Tatsachen, die dich verletzt haben, neu interpretierst, bis du tatsächlich spürst, dass du deine Emotionen verändern KANNST.

Du kannst es ja mal mit einer lächerlichen Interpretation versuchen oder einer dümmlichen Deutung, damit du diese Veränderung erlebst. Versuche es einmal unheimlich überbetont ernst oder mit einer Interpretation, die dich glücklich und unfassbar schlau wirken lässt, und sorge so für etwas Abwechslung.

Damit löst du dich völlig von deinen Emotionen und kannst sogar lernen, eine ganz frei erfundene Interpretation zu benutzen, die gerade am besten zu deinen Plänen und Vorhaben passt.

Einige Beispiele: Ein finanzieller Verlust kann dich zu einem Weisen machen, der Geschäftsleuten beibringt, ihre Herzenswünsche in ihr Geschäftsleben zu integrieren. Eine schreckliche Scheidung kann dich dazu bringen, dich von negativen fremden Einflüssen zu distanzieren, damit du geläutert zu dem liebenswertesten Menschen wirst, der du dir immer geträumt hast, sein zu können.

Betrachte deine Lage wie aus der Perspektive von einem Hubschrauber aus und finde einen Blickwinkel, der dich wahrlich zum Lächeln bringt – und dann gehe daran, dein Denken zu verändern, damit du wirklich ein reifer, liebevollerer und liebenswerter Mensch wirst. Das kann deine Wirklichkeit verändern.

2. Identifikation: Das zweite Schlüsselelement, das negativen Emotionen zugrunde liegt, ist die *Identifikation*. Das bedeutet, dass du etwas *persönlich* nimmst. Du deutest alles, was passiert, als persönlichen Angriff auf dich selbst. Du identifizierst dich mit einer Person oder einer Situation, spürst, dass dir Unrecht geschehen ist und du in irgendeiner Weise übervorteilt worden bist.

Wenn du dich persönlich NICHT mit einer negativen Person oder Situation identifizieren kannst, dann wird es sehr schwierig, dir bezüglich dieser Situation irgendeine Emotion zu erzeugen, sei das positiv oder negativ. Wenn du als Europäer oder Amerikaner in der Zeitung liest, dass Tausend Menschen – Männer, Frauen und Kinder – bei Überflutungen irgendwo in China ertrunken sind, wirst du vielleicht kurz erschrecken, dann blätterst du um und gehst mit wenigen oder keinen Emotionen zum nächsten Thema weiter. Du kennst schließlich keines dieser Opfer, wahrscheinlich ja nicht einmal jenen Teil der Welt, wo das passiert ist, also *identifizierst* du dich nicht mit der Tragödie. Folglich erlebst du dabei keine negativen Emotionen.

Das bedeutet jedoch nicht, dass du kein Mitleid für jemand anderen spüren sollst, der Schlimmes durchgemacht hat oder der verletzt wurde. Du lässt dich aber nicht emotional darin verstricken. Ein Arbeitskollege schafft zum Beispiel wegen persönlicher Probleme sein Pensum nicht. Das kann dir zwar leid tun, aber das bedeutet nicht, dass du seine Arbeit auf deine Kosten erledigst. Gesunde emotionale Grenzen zu haben ist lebenswichtig, insbesondere am Arbeitsplatz. Du kannst sehr wohl mitfühlend sein, ohne dich mit den Emotionen eines anderen zu identifizieren.

3. Übersensibilität: Die dritte Ursache von negativen Emotionen ist, übersensibel auf die Gedanken, Ansichten oder Einstellungen anderer Leute über dich zu reagieren. Wir haben schon beim Thema Angst vor Kritik und Zurückweisung davon gesprochen. Wächst jemand mit destruktiver Kritik und mit nicht ausreichend Liebe auf, kann das sehr tiefsitzende Gefühle von Minderwertigkeit und Unzulänglichkeit erzeugen. Das führt dazu, dass man sich viel zu viele Gedanken über die Handlungen und Reaktionen von Mitmenschen macht, und diesen viel zu viel Bedeutung beimisst.

In seinem Buch *„Auf der Suche nach dem Wunderbaren: Perspektiven der Welterfahrung und der Selbsterkenntnis“* bezeichnet Peter Ouspensky* das als „Innerliche Sich-Richten“. Man achtet besonders sensibel darauf, wie die Anderen mit einem umgehen. Man ist schon dann verärgert und depressiv, wenn man nur vermutet, dass andere schlecht über einen denken.

Ein einziges gutes Wort oder eine Bemerkung kann dich in die Wolken heben. Ein schiefer Blick oder eine negative Bemerkung kann dich niedergeschlagen machen. Wahrlich hypersensible Menschen vermuten abfällige Bemerkungen und Missbilligung, wo überhaupt gar nichts ist. Sie glauben und stellen sich vor, dass andere hinter ihrem Rücken schlecht über sie reden. Im Extremfall sind hypersensible Menschen so richtig gelähmt davon, dass sie ohne Zustimmung anderer Leute – häufig von vielen Menschen – überhaupt keine Entscheidung mehr fällen können.

4. Vorverurteilung: Die vierte Ursache von negativen Emotionen ist das Vorverurteilen, die Neigung der Menschen, andere negativ zu beurteilen. Verurteilst du andere auf für sie unvorteilhafte Weise, bist du meistens der Ansicht, sie seien an etwas Schuld. Diese Schuld wird dann zur Rechtfertigung für deine Wut und deine Abneigung und Ressentiments gegen sie.

In der Bibel heißt es: „Richtet nicht, auf dass ihr nicht gerichtet werdet.“ Das bedeutet, dass man, wenn man andere bewertet und verurteilt, unweigerlich Negativität und Unglück über sich selbst bringt. In dem gleichen Maße, wie du andere beurteilst, werden diese dich selbst ebenfalls beurteilen. Beurteilst du andere, dann tust du so, als wärst du besser als sie und sie wären dir unterlegen, und das führt häufig zu negativen Reaktionen.

**1878 – 1947, russisch-englischer Autor und Philosoph.*

Wenn du andere in keiner Weise und aus welchem Grund auch immer beurteilst, kannst du wegen ihnen nicht wütend werden. Erst wenn du wasserdicht belegen kannst, dass der andere etwas getan oder gesagt hat oder etwas unterlassen hat, was dich verletzt hat, hast du einen Grund, um wütend zu sein.

Der Ausgangspunkt zur Eliminierung des Verurteilens aus deinem Leben ist der sofortige Entschluss, von jetzt an niemanden mehr wegen irgendetwas zu beurteilen. Das ist nicht einfach, ganz besonders am Anfang, aber auch hier macht Übung den Meister. Erinnere dich immer wieder daran, dass jeder das Recht auf seine eigene Meinung und sein eigenes Leben hat. Wärst du in ihrer Lage gewesen, hättest du vielleicht dasselbe gesagt oder getan.

ÜBUNG

Häufig verurteilen wir andere, weil sie etwas tun, was wir selbst nie tun würden oder weil wir neidisch auf sie sind und dieselben Ergebnisse und dieselben Erfolge wie sie haben wollen. Wenn du das nächste Mal jemanden beurteilst, achtest du auf deine Beweggründe. Geht es um einen Charakterzug, den du an dir selbst nicht leiden kannst? Oder sehnst du dich nach den Eigenschaften oder dem Lebensstil der Anderen?

Wenn du ehrlich mit dir selbst bist und etwas Unangenehmes oder Peinliches entdeckst, dann begehe nicht den Fehler, dich selbst zu verurteilen, sondern akzeptiere diese Einsicht und siehe sie als willkommenes Geschenk, als ein notwendiges Fundament für noch viel mehr persönliches Wachstum. Betrachte eine echte Wahrheit als Enthüllung einer deiner Illusionen. Je weniger Illusionen du hast, um so mehr Bewusstheit und Kontrolle gewinnst du, um dein Leben besser zu lenken.

VERURTEILEN UND VERDAMMEN

Das Gegenteil von Verurteilen und Verdammen (Verurteilung) ist Neutralität. Wenn man also einem Menschen oder einer Situation gegenüber unemotional bleibt und diesbezüglich keinerlei Absichten hat. Das gelingt durch die buddhistische Praxis der Ablösung oder des Nicht-Anhaftens: Bleibe ruhig und ohne Emotionen. Trete einen Schritt von diesem Menschen zurück und lass zu, dass er ist, wie er ist, ohne ihn nach deinen eigenen Werten und Maßstäben zu beurteilen. Oft interessiert es dich ohnehin nicht weiter, wenn du dir das Leben vorstellst, wo du in ein paar Jahren sein willst, wenn du dich auf dein Glück und das dir mögliche Wachstum konzentrierst, das für dich realisierbar und möglich ist.

Beurteilst du andere, wirst du emotional. Emotionen verzerren unsere Urteile. Je mehr du beurteilst – und verurteilst –, desto wütender und negativer wirst du selbst. Menschen beurteilen andere häufig deshalb, weil sie ihr Verhalten kontrollieren wollen. Erstaunlich oft verurteilen Menschen ihre Mitmenschen nur aus dem Grund, weil sie sich bei ihren eigenen Entscheidungen und Taten nicht sicher sind. Bist du davon überzeugt, dass jemand anderes Unrecht hat und du Recht, kannst du deine eigenen Entscheidungen besser rechtfertigen. Tatsächlich aber hat jeder das Recht, sein Leben nach eigener Wahl zu leben, solange er damit nicht in das Leben anderer eingreift oder ihnen Schaden zufügt. Leben und leben lassen!

Wenn du in einer Familie aufgewachsen bist, in der sich jemand unablässig über andere beschwert oder sie kritisiert hat, dann hat das in dir die falsche Vorstellung erweckt, es sei ganz normal, andere zu be- und verurteilen. Zuerst mag die Vorstellung, neutral und losgelöst zu reagieren, wenn jemand etwas sagt oder tut, mit dem du nicht einverstanden bist, ziemlich seltsam klingen. Bist du aber entschlossen dazu, das zu tun und aus dieser Haltung zu lernen damit es geht, dann kann man damit sehr großen Erfolg haben!

Du besitzt einen fantastischen Verstand. Aber er hat auch eine Kehrseite. Du kannst ihn benutzen, um glücklich zu sein; du kannst ihn aber auch benutzen, um wütend zu sein. Dein Ziel sollte es sein, deinen Verstand so einzusetzen, dass du ruhig bist, dein Leben selbst lenkst und dass du inneren Frieden erlebst, ganz unabhängig davon, was um dich herum oder mit dir geschieht.

Wenn Menschen sich schlecht benehmen oder mies verhalten, dann beurteile sie nicht. Sagen oder tun Menschen etwas, was dir schlecht oder unnötig erscheint, trete einen Schritt zurück und betrachte sie unparteiisch, ohne verärgert zu sein oder dich hineinziehen zu lassen.

ÜBUNG Einen Tag lang nicht urteilen

Bewerkstellige es einmal, 24 Stunden lang nichts und niemanden zu beurteilen. Bleibe neutral. Erkenne wie schwierig es sein kann, das Nicht-Anhaften zu praktizieren, wenn es doch so lange zur Gewohnheit geworden ist, andere Menschen ununterbrochen zu beurteilen!

Danach wirst du dich vielleicht dazu entschließen, mit dieser Praxis weiterzumachen, zum Beispiel einen Tag pro Woche, oder pro Monat, oder auch an jedem Tag – was immer dir auch für dein Interesse am eigenen Wachstum am besten geeignet erscheint –, bis es dir zur Gewohnheit geworden ist und du am Ende dein Leben mit dieser neuen Eigenschaft mit Autopilot steuern kannst.

EMPATHIE (MITFÜHLEN)

Am besten hörst du mit dem Beurteilen anderer auf, wie man es bei einem Buschfeuer macht: bevor es überhaupt ausbricht, indem man *Empathie* mit Anderen hat. Es ist praktisch unmöglich, empathisch mit jemandem wegen seines Verhaltens mit zu fühlen und ihn gleichzeitig negativ zu betrachten. Noch besser ist es, *zu segnen, zu vergeben und dann loszulassen*. Erhebe dich! Steh´ über den Dingen. Lasse nicht zu, dass das Verhalten einer anderen Person dich überhaupt erwischen kann. Erinnere dich an das Gesetz vom Ersetzen, das Gesetz der Substitution: Denke an etwas ANDERES, an etwas, das dich glücklich macht, und neutralisiere auf diese Weise die negativen Gedanken und deine Neigung, Andere zu beurteilen.

Hast du es mit einem schwierigen Menschen zu tun, behandelst du ihn oder sie wie ein erschöpftes, einfach nur total hungriges und leicht reizbares kleines Kind, das wütend ist und einen Riesenaufstand macht. Auf ein kleines Kind bist du nicht wütend. Du weißt ja, dass sich Kinder hin und wieder, unter ganz bestimmten Umständen, so benehmen. Du könntest dich auch an Zeiten erinnern, als du selbst erschöpft, gestresst und nicht ganz leicht zu ertragen warst. Wir alle sind manchmal so.

Ein anderer Weg, sich vom Urteilen abhalten zu können, ist daran zu denken, dass man sich – wäre man ganz genau in der gleichen Lage wie der Andere – vermutlich genauso verhalten würde. Du kannst auch daran denken, dass jeder sein Leben auf seine Weise leben darf. Leben und auch leben lassen: „Jedem Tierchen sein Pläsierchen". Du lässt zu, dass die anderen so leben, wie sie wollen, weil du ja auch du dein Leben ohne fremde Einmischung leben willst.

DIE SEDONA-METHODE

Es gibt eine gute Methode, um sich emotional besser unter Kontrolle zu haben, bzw. um seine Gefühle weise zu lenken, und zwar die sogenannte Sedona-Methode. Sie wurde von Hale Dwoskin* entwickelt. Bei der Sedona-Methode bittet dich der Lehrer, die Menschen aus deiner Vergangenheit aufzuzählen, über die du nach wie vor wütend bist. Zusätzlich benennst du die Situationen in deiner Vergangenheit, die dich nach wie vor aufregen.

Dann stellt man dir zwei Fragen: Erstens, willst du von der Negativität, die mit dieser Situation zusammenhängt, frei sein?
Antwortest du *ja*, lautet die zweite Frage: „Bist du bereit, wirklich völlig loszulassen?"

Erstaunlicherweise sind viele Menschen nicht bereit, eine negative Erfahrung in ihrer Vergangenheit loszulassen. Sie sind der Ansicht, sie hätten sich diese mit ihrer Zeit, ihrem Geld und durch ihr persönliches Leid redlich verdient. Sie haben ein Recht auf ihren Schmerz. Tief in ihrem Herzen sind sie nicht bereit, loszulassen.

LOSLASSEN

Ein Beispiel: Nimm einen Bleistift und halte ihn in der Hand. Drücke ihn fest. Drücke ihn noch fester. Drücke ihn so fest du kannst. Dann drehst du deine Hand so, dass die Handfläche zum Fußboden weist. Du drückst immer noch den Stift. Die Frage lautet: „Was hält den Bleistift fest?" Die Antwort ist ja eindeutig: *Du* behältst diesen Bleistift. Du drückst ihn so fest zusammen.

Auch die nächste Frage ist offensichtlich: „Wie wirst du den Bleistift los? Wie kriegst du ihn aus deiner Hand?" Die Antwort ist einfach: Du musst nur die Hand öffnen, dann fällt er auf den

amerikanischer Autor, Erfinder der Sedona-Methode

Boden. Du lässt los. Das ist ein tolles Gleichnis dafür, wie einfach man ein negatives Ereignis permanent aus seinem Leben fallen lassen kann. Bei dem Bleistift öffnest du die Hand und lässt ihn los. Bei der negativen Erfahrung, die dich nach wie vor unglücklich macht, öffnest du dein Herz und lässt los.

Denke daran: *Niemand lässt dich etwas fühlen!* Niemand **macht** dich wütend. Nichts, was dir je passiert ist, kann dich beherrschen. Kein Ereignis, kein Umstand und auch keine Person aus deiner Vergangenheit kann ohne deine Erlaubnis deine Emotionen beeinflussen. Nur du kannst dich etwas fühlen lassen, und zwar dadurch, dass du das Ereignis in der Vergangenheit auf deine Weise interpretierst. Die toten Frösche in deinem algenüberwucherten Teich sind einfach nur „tot". Du hältst die negativen Emotionen nur am Leben, weil du sie mit Gedanken und Energie nährst. Entscheide dich noch heute dafür, die toten Frösche loszulassen und lebe dein eigenes Leben.

ÜBE ECHTES MITGEFÜHL

Eines der schönsten unserer Gefühle ist liebevolles *Mitgefühl*. Mitgefühl bedeutet, dasselbe zu fühlen wie jemand anderer, und deshalb seine Gefühle zu verstehen. Mitgefühl bedeutet Empathie für den anderen und seine Lage zu erleben, komplett mitzufühlen. Du kannst niemals etwas Negatives für einen anderen empfinden, wenn sich dein Herz diesem Menschen in einer schwierigen Situation nähert.

Setzt du deinen wunderbaren Geist dazu ein, Gründe zu finden, jemanden nicht zu beurteilen, ihn vom Haken zu lassen, alle Verletzungen in der Vergangenheit gehen zu lassen, dann übernimmst du die völlige Kontrolle über dein Denken. Statt nach Gründen zu suchen, warum der andere Schuld ist und verurteilt und bestraft werden sollte, forschst du stattdessen nach Gründen, warum der andere „unschuldig" ist. Dann lässt du ihn oder sie frei.

ÜBUNG

Schreibe auf ein Blatt Papier die Namen aller Leute, auf die du noch immer wütend bist. Neben die Namen schreibst du, was sie dir getan haben und was dir das Recht gibt, so wütend und negativ über sie zu empfinden. Danach schreibst du aber alle Gründe auf, warum sie keine Schuld daran trifft. Das können zur Not auch frei erfundene Gründe sein, wenn das dann besser klappt. Dann entschließe dich, dass sie den Sumpf verlassen.

Dann schnappst du dir diesen Zettel und verbrennst ihn – am besten richtig zeremoniell, in einem Aschenbecher (natürlich nur mit Sicherheitsvorkehrungen!). Wirf ihn ins Kaminfeuer oder auf ein Lagerfeuer. Bitte beachten: Er sollte vollständig verbrennen und du solltest zusehen. Gleichermaßen kannst du die Entscheidung treffen, all die Verletzungen und den Schmerz deiner Vergangenheit loszulassen, damit du die Freiheit und Freude der Zukunft genießen kannst.

Willst du schließlich über deine eigenen Grenzen hinauswachsen, den eigenen Durchbruch an Einsichten und Ergebnissen haben, dann kannst du versuchen, das Größte zu tun, was du für dich selbst tun kannst: Nutze deine Liebe zum Heilen. Das mag auf den ersten Blick praktisch kaum durchführbar sein, aber dein Niveau an Einsichten in das Leben wird sich komplett verändern und transformieren, wenn du die folgende Übung ausprobierst.

ÜBUNG Wie würde LIEBE wirken?

Wenn du merkst, dass du etwas oder jemanden beurteilst oder dass du einfach auf deinem Standpunkt beharrst, frage dich selbst: Wie ginge das mit Liebe? Was würde Liebe bewirken? Was würde bedingungslose, göttliche LIEBE jetzt auslösen?

Was würde ein guter Vater oder eine gute Mutter mit ihrem Kind tun, wenn das Kind der Auslöser deiner Genervtheit, deiner Wut oder von deinem Frust wäre? Wenn du das Größte wärst, was du je sein könntest, wie würde deine Liebe dich den dir bestmöglichen Job erledigen lassen, wenn es darum geht, mit deinen vergangenen Erfahrungen und Ereignissen umzugehen? Wenn du deine Seele erweiterst und in diesem großen Maße lieben kannst, wie ein Buddha: Was könnte reine Liebe bei diesem Mann, bei dieser Frau, bei diesem Kind erreichen, wie würde sie sich auf diese Situation auswirken? Was wäre, wenn du Liebe in deiner Sicht auf die gesamte Menschheit integrierst? Wie sehr würde Liebe etwas verändern?

5. Rationalisieren: Was passiert, wenn man seinen rationalen Verstand bemüht, um eine gesellschaftlich akzeptierte Lösung für eine sonst gesellschaftlich völlig inakzeptable Handlung zu finden? Mein Freund John Assaraf nennt das „Rational-lügen".

Aufgrund von Minderwertigkeitsgefühlen und mangelndem Ego wagen es viele Menschen nicht, sich einzugestehen, dass etwas, was sie gesagt oder getan haben, aus ihrer Sicht nicht ganz so vernünftig oder gerechtfertigt gewesen sein könnte. Selbst die schlimmsten Kriminellen halten sich für unschuldig, und höchstens vielleicht für Opfer der Gesellschaft. Sie *rationalisieren* ihr Verhalten.

Peter Ouspensky erklärte, dass fast alles Unglücklichsein erst mit dem „Ausdruck negativer Gefühle" entsteht. Wenn man immer wieder über negative Situationen nachdenkt und sie vor dem geistigen Auge abspielt, hält man die negativen Gefühle am Leben und lässt sie weiter wachsen. In diesem Sinne lassen sich deine negativen Emotionen mit einem Buschfeuer vergleichen: Das beginnt mit einem winzigen Funken und gerät unheimlich schnell außer Kontrolle.

Landet so ein Funke auf trockenem Reisig und du trittst ihn sofort aus, dann entsteht kein Feuer und es kann sich auch nicht ausbreiten. Wenn du die negativen Emotionen sofort in dem Augenblick beendest, in dem sie ausgelöst werden, verlöschen sie so schnell wie ein kleines Feuer und können keinen Schaden anrichten.

Wenn du aber ständig über die negative Emotion sprichst und sie ausdiskutierst, sei es nur mit dir selbst oder auch mit anderen, dann gerät das wie ein Waldbrand schnell außer Kontrolle und erfüllt gänzlich deine Gedanken und Emotionen, bis du schließlich nichts anderes mehr denken und fühlen kannst.

WUT: DIE WICHTIGSTE NEGATIVE EMOTION

Früher oder später lassen sich alle negativen Emotionen auf eine einzige zurückführen: die Wut. Wut ist die ultimative negative Emotion. Alle Ängste, Zweifel, alle Eifersucht und aller Neid, alle Verbitterung etc. verwandeln sich mit der Zeit in Wut. Diese *Wut* richtet sich dann nach *innen* und macht dich emotional und körperlich krank. Oder sie richtet sich nach *außen* und untergräbt und zerstört letztendlich deine Beziehungen zu deinen Mitmenschen.

Alle unglücklichen Leute sind wütend. Bei *Depressionen* handelt es sich oft um nach innen gerichtete Wut, deren Ursprung in der Unfähigkeit eines Menschen liegt, seine Gefühle über eine Situation offen und ehrlich auszusprechen. Sie wird häufig ausgelöst durch mangelndes Selbstvertrauen und Hoffnungslosigkeit.

Rasend vor Wut zu sein ist eine nach außen gerichtete Wut, die sich in verbalen oder sogar physischen Angriffen auf andere Menschen zeigt, weil diese etwas getan oder nicht getan haben.

Ein Hauptziel der psychologischen Beratung jeder Art ist es, dem Einzelnen zu helfen, seine Erfahrungen zu verarbeiten und zu verstehen, und die negativen Emotionen herauszulassen, die man unterdrückt. Bei dem Versuch, ihre Wut zu begreifen, entdecken viele Menschen, dass sie durch eine Verletzung entstanden ist. Geben die Menschen einmal zu, dass etwas, was jemand getan oder nicht getan, gesagt oder nicht gesagt hat, sie verletzt hat, ist es viel einfacher, die emotionale Ladung freizusetzen, die die Wut am Leben hält.

DIE WURZELN DER WUT

Die Hauptursache von Wut liegt darin, dass jemand fühlt, dass jemand anderes oder eine Gruppe Menschen sich ihm gegenüber aggressiv verhalten, ihn angegriffen, verletzt oder übervorteilt hat. Wut ist immer in einer Verteidigung verwurzelt. Man will es jemandem heimzahlen, der einen verletzt hat. Man verteidigt sich und schlägt zurück. Wut und Angst lösen Reaktionen von Angriff oder Flucht im Menschen aus. Wer angegriffen wird, zieht sich entweder zur eigenen Sicherheit zurück oder drischt irgendwie auf den Angreifer ein.

Einer der schlimmsten Aspekte an der Emotion der Wut ist, dass man nur noch um so wütender wird, je mehr man seiner Wut Ausdruck verleiht. Je mehr du darüber sprichst, dass du zu Recht wütend bist, je mehr du deine Wut rechtfertigst und rationalisierst, desto stärker wächst deine Wut, wie ein außer Kontrolle geratenes Feuer. Tatsächlich ist es so: Je mehr du dich wütend fühlst, um so größer wird die Verletzung.

Seine Wut auszudrücken kann schnell zur Gewohnheit werden. Ein unglücklicher Mensch kommt schließlich an den Punkt, wo schon der kleinste Auslöser reicht, um einen Wutausbruch zu verursachen. So jemand ist praktisch die meiste Zeit seines Lebens wütend. Bald glaubt so jemand dann, dass diese Emotionen und Ausbrüche von Wut eine ganz normale Denk- und Verhaltensweise seien.

Die Menschen beharren deshalb so sehr auf ihrer Wut, weil sie jemanden brauchen, der ihre Verletzungen anerkennt und ihren Schmerz versteht. Wenn man jemandem zuhört, der über seine Wut oder das, was ihn nervt spricht, hilft es am besten, wenn man dazu die folgenden Worte sagen kann: „Ich verstehe dich!" Übe also zu sagen: „Ich verstehe genau, was du fühlst; wäre ich in ganz genau der gleichen Lage, ginge es mir wohl genauso." Das ist eine der besten Methoden, einen wütenden Menschen zu beruhigen, die man je entdeckt hat. Wenn Menschen sich in ihrem Schmerz verstanden fühlen, dann können sie anfangen wieder heil zu werden.

DIE ZENTRALE BEDEUTUNG VON SCHULDZUWEISUNG

Die ursächliche Wurzel von Wut liegt *im Zuweisen von Schuld*. Gibst du dir oder anderen die Schuld für etwas, was sie getan oder nicht getan haben, ist das die Grundvoraussetzung dafür, negative Emotionen jeder Art zu empfinden und auszudrücken.

Tatsächlich kommt es ohne Schuldzuweisungen zu keinen negativen Emotionen. Man kann nicht lange an einer negativen Emotion festhalten, wenn keiner oder nichts an der Situation, wegen der du wütend bist, Schuld hat. In dem Augenblick, in dem du keine Schuld mehr zuweist, endet gleichzeitig auch die negative Emotion, als hätte man einen Lichtschalter umgelegt.

Das Gegenmittel zu negativen Emotionen, zu Schuldzuweisungen und Wut, ist so einfach und effektiv, das es schon fast überwältigend ist. Menschen, die jahrelang negativ, wütend und unglücklich gewesen sind, können ihre negativen Emotionen praktisch im Handumdrehen mit einem Kurzschluss beenden. Man braucht dazu nur eine einfache, aber folgenschwere Entscheidung: Übernimm die Verantwortung!

DREI MAGISCHE WORTE

Wie übernimmt man Verantwortung? Ganz einfach: Sag die Worte: *„Ich bin verantwortlich!"*

Wann immer du aus welchem Grund auch immer wütend oder unglücklich bist, kannst du dieses Gefühl sofort kurzschließen, indem du dir selbst immer wieder sagst: *„Ich bin verantwortlich! Ich bin verantwortlich! Ich bin verantwortlich!"*, und zwar solange, bis du es fühlst und sich das negative Gefühl verflüchtigt hat.

Dies ist eine ganz außergewöhnliche Entdeckung, und sie verändert das Leben aller, die sie konsequent für sich anwenden, für immer. Erinnere dich an das Substitutions-Gesetz: Dein Verstand kann immer nur einen einzigen Gedanken fassen, sei dieser nun positiv oder negativ. Er kann also die positive Emotion der persönlichen Verantwortung übernehmen oder die negative Emotion von Wut oder Schuldzuweisung. Aber beides zugleich kann er nicht. Du entscheidest darüber.

Das einzige im gesamten Universum, das du bis zu 100 Prozent selbst kontrollieren und lenken (lernen) kannst, ist der Inhalt deines bewussten Denkens. Hältst du dich an den positiven Gedanken *„Ich bin verantwortlich!"* statt an einen negativen Gedanken, der dich unglücklich macht, wirst du positiv und optimistisch, und du gewinnst das Gefühl, völlige Kontrolle zu gewinnen, und das braucht manchmal nur ein paar Sekunden Aufmerksamkeit.

DU BIST VERANTWORTLICH

Weil alle negativen Emotionen auf Schuldzuweisungen beruhen, was bedeutet, dass du das Gefühl hast, dass das, was jemand getan oder nicht getan hat, dich wütend oder unglücklich macht, liegt das Gegenmittel logischerweise darin, dass du niemandem die Schuld gibst, sondern die Verantwortung für die Situation selbst übernimmst.

Übernimmst du die *völlige Verantwortung* für die Situation, für alles, was geschehen ist, hören deine negativen Emotionen auf – als hättest du eine Vollbremsung gemacht. *Es ist nämlich nicht möglich, für eine bestimmte Situation die volle Verantwortung zu übernehmen und dennoch wegen dieser Situation wütend oder unglücklich zu sein.* Die Übernahme der Verantwortung löscht jede Negativität aus, die mit der Situation oder dem Menschen in Zusammenhang steht, und du gewinnst wieder die emotionale Kontrolle.

FINDE GRÜNDE DAFÜR, NEGATIVE EMOTIONEN NICHT AUSZUDRÜCKEN

Wir haben schon gesagt, dass das Unglücklichsein vom „Ausdruck negativer Gefühle" kommt, die du entweder dir selbst oder anderen gegenüber fühlst, oder beides. Wenn du negative Emotionen weder ausdrückst noch über sie sprichst und sie auch nicht immer wieder aufrührst, ist es gar nicht mehr möglich, sich negativ zu fühlen.

Von diesem Augenblick an solltest du deine unglaubliche Intelligenz nicht mehr dafür verschwenden, dir Gründe zu überlegen, warum du wegen bestimmter Ereignisse Angst, Zweifel, Neid, Eifersucht, Verbitterung oder Wut empfinden solltest, sondern deine Kreativität dazu nutzen, Gründe dafür zu finden, negative Emotionen, Rechtfertigungen und Rationalisierungen *gar nicht mehr auszudrücken.*

Die stärkste universell einsetzbare Art und Weise, den Ausdruck negativer Emotionen per Kurzschluss zu beenden, liegt darin, sich selbst immer wieder zu sagen: „Ich bin verantwortlich!" Und zwar jedes Mal, wenn etwas geschieht, das normalerweise eine negative Reaktion in dir auslöst.

Jetzt sagen an dieser Stelle viele Leute: „Stopp, Moment mal! Es geht doch gar nicht, dass ich die Verantwortung für all die schlimmen Sachen übernehme, die mir dieser Mensch angetan hat, die mich verletzt haben. Wenn ich hier die Verantwortung übernehme, wäre das ja nicht ehrlich, weil ich ja überhaupt nicht verantwortlich bin."

DU KONTROLLIERST DEINE REAKTION

Das mag stimmen. Vielleicht wurdest du von irgendjemandem ausgeraubt, man hat dich angelogen und dich betrogen, dich in vielerlei Weise beschummelt, dich verraten oder verletzt. Vielleicht kamst zu deinem Auto auf den Parkplatz zurück und hast festgestellt, dass irgendjemand in deinen Wagen gefahren ist und dann einfach abgehauen ist. In einem solchen Fall bist du juristisch natürlich unschuldig und dich trifft keine Schuld an dem Schaden. Und doch – hier kommt die Antwort: Du bist verantwortlich für deine *Reaktion*. Du bist nicht für das verantwortlich, was passiert ist, wohl aber dafür, wie du *daraufhin* reagierst. Du ganz allein bestimmst und kontrollierst, welche Reaktion du haben willst. Du allein entscheidest dich dafür. Es ist nur eine Frage deiner Wahl. Es gibt nichts, was dich wütend oder unglücklich macht. Du selbst machst dich wütend oder unglücklich aufgrund deiner *Entscheidung*, wie du auf diese unschöne Erfahrung reagierst.

In Rudyard Kiplings* Gedicht „Wenn" heißt es: *„Wenn du den Kopf behältst, wenn alle anderen ihn verlieren und sagen: Du bist schuld!, dann, mein Sohn, bist du ein Mann."*

Ein Charakterzug von Menschen, die sich effektiv zum Glück hin lenken, ist, dass sie die Willenskraft und Selbstdisziplin bewahren und ganz ruhig bleiben, ganz gleich, was um sie herum passiert. Große Persönlichkeiten, Männer wie Frauen, sind solche, die selbst unter stärkstem Beschuss cool bleiben.

**1865 – 1936, englischer Autor.*

WEIGERE DICH, ANDEREN DIE SCHULD ZU GEBEN

Denke stets daran, dass Emotionen Urteile verzerren. In dem Augenblick, in dem du jemand anderem die Schuld gibst und wütend über einen Vorfall wirst, bist du nicht länger fähig, klar zu denken und intelligent zu entscheiden. Du wirst zum Sklaven deiner Emotionen. Sie reißen dich schnell mit sich – und dann sagst oder tust du Sachen, die du später bereust.

ÜBUNG Finde Gründe, negative Emotionen NICHT auszudrücken

Setzte deinen Verstand ein, um Gründe zu finden, deine negativen Emotionen nicht auszudrücken. Dann: Denke an eine negative Situation in deinem Leben, die Wut oder Unglücklichsein auslöst.
Sage: „Ich bin verantwortlich!" Dann untersuche die Situation auf Beispiele und Gründe, weshalb du auf bestimmte Weise dafür verantwortlich warst. Allein die Suche nach Gründen, weshalb du zumindest mitverantwortlich warst, neutralisiert die negativen Emotionen. Wenn du weiter nach Gründen forschst, warum du verantwortlich bist, verschwinden die negativen Emotionen und die Wut allmählich und du findest deinen Frieden.

KOMM DARÜBER HINWEG

Leute, die sich mit schlimmen Beziehungen plagen, sind häufig wahnsinnig wütend auf ihre Partner, manchmal noch jahrelang nachdem diese Beziehung oder Ehe schließlich in die Brüche geht. Sagst du aber „Ich bin verantwortlich!" und forschst nach Gründen, warum du zumindest mitverantwortlich bist, wirst du – wenn du ganz ehrlich bist – merken, dass viele DEINER Entscheidungen dich überhaupt in diese schlimme Beziehung gebracht haben. Natürlich bist du nicht völlig verantwortlich für das Verhalten deines Partners, allerdings für alles, was du vom Anfang der Beziehung bis zu ihrem Ende gesagt oder getan hast, und alles was bis heute geschehen ist. Du warst ja kein unbeteiligter Zuschauer.

Viele Leute ärgern sich, wenn es im Beruf nicht klappt oder wenn ein Geschäft daneben geht. Aber du bist verantwortlich. Niemand hat dich mit vorgehaltener Pistole in eine Situation hinein gezwungen. Aufgrund deines Wissens und deiner Informationen oder aufgrund von dir fehlenden Informationen hast du dich zuallererst in diese Lage gebracht. Unglücklicherweise kam es dann nicht so, wie du dir erhofft hast. Das nächste Mal bist du dann klüger und weiser. Im Augenblick gilt: du bist verantwortlich.

ZWEI FEUER BRENNEN

Das Gesetz der Emotion besagt, dass alles, was du tust, von irgendeiner Emotion bestimmt wird, entweder positiv oder negativ. Die Emotionen, über die du am häufigsten nachdenkst oder sprichst, wachsen und beherrschen bald dein ganzes Leben. Sie beschäftigen dich und dein ganzes Denken, im Guten wie im Schlechten.

Stell dir vor, dass in dir zwei Feuer brennen. Das eine ist das Feuer deiner Sehnsüchte und das andere das Feuer der negativen Emotionen, das nur aufgrund deiner Interpretationen von Ereignissen aus der Vergangenheit beruht.

In dir strömt ein ununterbrochener Fluss emotionaler Energie, emotionales Feuerholz. Du entscheidest, auf welches Feuer du es legst. Aber: Wenn du du all dieses Feuerholz nur in ein einziges Feuer legst – was geschieht dann mit dem anderen Feuer?

Die Antwort ist einfach. Legst du all deine Emotionen auf das Feuer deiner Sehnsüchte und verwendest deine ganze Zeit darauf, darüber zu reden und nachzudenken, was du dir wünschst und wie du es bekommen kannst, dann erlischt das alte Feuer der negativen Emotionen und Erfahrungen schließlich, und auch die Asche wird irgendwann kalt. Dies ist die Essenz emotionaler Heilung.

Sage also von heute an immer, wenn aus irgendeinem Grund etwas schief geht: „Ich bin verantwortlich!" und verhindere so, dass negative Emotionen überhaupt erst entstehen.

ÜBUNG

Denke an eine schlimme Situation in deinem Leben, die dich immer noch wütend macht, wenn du dich an sie erinnerst, und lösche die negative Emotion aus, indem du fest zu dir selbst sagt: „Ich bin verantwortlich!"
Dann überlegst du dir alles, was du getan oder nicht getan hast, um dich überhaupt erst in diese Situation zu bringen. Wenn du das tust, werden sich deine Emotionen beruhigen, und am Ende fühlst du den inneren Frieden – und wahrscheinlich wirst du dabei am Ende sogar befreit lächeln.

Diese Übung benötigt enormen Mut und Charakter, wenn du sie zum ersten Mal ausprobierst. Sie wird aber mit immer mehr Übung leichter. Fange mit leichten Themen an und nimm, falls nötig, einen professionellen Coach oder Therapeuten zur Hilfe, um die dickeren Brocken in dir ebenfalls zu heilen.

KAPITEL 6 – TAUSCHE DAS WASSER IN DEINEM TEICH AUS

> ***„Außergewöhnliches wurde immer nur von Menschen geleistet, die zu glauben wagten, dass irgendetwas in ihrem Innern den Umständen gewachsen sei."***
> *(Bruce Barton*)*

Du hast außergewöhnliche geistige Kräfte, die du nur selten gebrauchst. Doch diese können dir all den Erfolg und die Freude im Leben bringen, die du dir wünschst. Die Wahrheit darüber ist doch diese: Du bist genau da, wo du bist, weil du so denkst, wie du denkst - und das ist weitgehend nur eine Gewohnheitssache. Änderst du deine Denkweise, dann änderst du damit deine innere und auch die äußere Welt in deinem Leben.

Das Denken, Leben und die Erfahrungen vieler Menschen lässt sich mit einem stehenden Teich vergleichen, der zwar Zuflüsse, aber keine Abflüsse hat. Das ergibt ein Paradies für all die vielen Kreaturen, die gern in brackigem Wasser leben. Für einige Menschen ist es viel einfacher, negative Gedanken immer wieder neu aufzurufen und durchzuspielen und so ganz allgemein unmotiviert und negativ über ihr Leben und ihre

**1886 – 1967, amerikanischer Autor und Politiker.*

Chancen zu denken, statt frische, gesunde und positive Ideen oder Botschaften aufzunehmen. Aber das ist nichts für dich, denn schließlich willst du die Kontrolle über dein Leben in die Hand nehmen, wie es von jetzt an weiter gehen soll – und du kannst das!

Deine Gedanken, Gefühle, Glaubenssätze und Ansichten zu verändern ist nicht einfach. Aber genau so, wie du körperlich wieder fit werden kannst, wenn du lange keinen Sport mehr gemacht hast, genauso kannst du auch, wenn du an dir selbst arbeitest, positiv, glücklich und zufrieden und geistig absolut fit werden. Du kannst deinen Geist absichtlich mit klaren, reinen und positiven Gedanken und Bildern füttern und erfüllen, die von jetzt an anfangen, dein Leben dahin zu lenken, wie du es dir wünschst.

KEINE WIRKUNG OHNE URSACHE

Das Gesetz von Ursache und Wirkung, das schon der große griechische Philosoph und Mathematiker Aristoteles formuliert hat, bringt uns grundlegende Einsichten, wie der Geist des Menschen arbeitet. Es besagt, dass es für jede Wirkung oder jedes Ergebnis in deinem Leben ganz bestimmte Ursachen gibt oder gab. Nichts geschieht zufällig. Dein heutiges Leben ist die Folge all deiner vorangegangenen Gedanken, und kann von daher nur so sein, wie es ist.

Das Gesetz vom Säen und Ernten besagt: „Was der Mensch sät, das erntet er.“ Die Bibel ist natürlich kein Lehrbuch für die Landwirtschaft. Das Gesetz bezieht sich auf deinen Geist und deine persönliche Entwicklung. Es besagt, dass alles, was du heute erntest, und zwar in jedem Bereich deines Lebens, ein Ergebnis deiner Aussaat in der Vergangenheit darstellt.

Wenn du zukünftig etwas anderes ernten willst, musst du jetzt in der Gegenwart andere Gedanken säen. Die Außenwelt wird dir immer widerspiegeln, was du gerade denkst. „Garbage

In, Garbage Out" heißt das in der Computerwelt. Also: Müll reinpacken heißt Müll herausbekommen. Aber „Gut rein, gut raus" trifft ebenfalls zu. Zum Glück hast du die völlige Kontrolle über alles, was du denkst. Wenn du diese Kontrolle ausübst, kannst du deine Frösche in Prinzen verwandeln und ein vollkommen positiver Mensch werden.

PROGRAMMIEREN UND VOR-PROGRAMMIEREN

Dein Verstand gleicht einem außergewöhnlichen Computer, den du vor-programmieren kannst, damit er erstaunliche Dinge tut. Indem du ihn mit einem beständigen Strom aus sauberen, klaren und positiven Gedanken, Wünschen und Zielen fütterst, re-programmierst und vor-programmierst du dich, täglich voller Zuversicht und Kontrolle zu handeln und zu fühlen, und zwar erst recht wenn Zeiten voller Stress oder Schwierigkeiten auftauchen. Du steuerst dich zur Verwirklichung und Manifestation deines Potenzials.

Die vielleicht wichtigste Anwendung des Gesetzes von Ursache und Wirkung besagt dies: „Gedanken sind Ursachen, und die heutigen Umstände sind Wirkungen". Deshalb wirst du zu dem werden, worüber du am meisten nachdenkst.

Worüber denkst du die meiste Zeit nach? Es zeigt sich immer wieder, dass die glücklichen Menschen die meiste Zeit daran denken oder darüber nachdenken, was sie wollen und wie sie es erhalten können. Unglückliche, negative Menschen denken die meiste Zeit darüber nach, was sie NICHT erhalten und wem sie die Schuld daran geben. Sie programmieren sich damit auf Misserfolg. Einer der Gründe dafür liegt darin, dass unser Unterbewusstsein nicht mit Verneinungen arbeitet und Befehle nicht befolgt, die Verneinungen enthalten. Wenn du dir zum Beispiel selbst sagst: „Ich will bei diesem Projekt nicht alleine gelassen werden", dann erreicht folgender Befehl dein Unterbewusstsein: „... will bei diesem Projekt alleine gelassen werden". Warum das so ist, ist ziemlich leicht zu verstehen! Versuche jetzt einmal, für einen Augenblick, nicht an einen weißen Elefanten mit großen weißen Ohren zu denken. Denke NICHT an diesen dicken weißen Elefanten, stelle dir nicht den langen weißen Rüssel vor und höre ihn nicht trompeten. Und – was hast du gerade im Kopf gehabt?

Unser Verstand arbeitet mit Worten und Bildern und versucht, diese durch unser Denken und Handeln zu bestätigen. Er arbeitet 24 Stunden am Tag, sieben Tage die Woche, damit unsere Vorstellungen wahr werden. Also setzt du dieses natürliche Instrument besser nur für die Dinge ein, die du wirklich willst. Du solltest also an das denken, was du dir wünschst, damit dein Verstand so programmiert wird, dass du ideal funktionierst und dich praktisch die meiste Zeit über unheimlich gut fühlst.

NEUE GEWOHNHEITSMUSTER DER GEDANKEN

Es gibt im Grunde drei Wege, wie man die geistige Gewohnheit von Optimismus und Selbstvertrauen in sich entwickelt und schult. Zum Glück verwandelt sich durch das Gesetz der Gewohnheit alles, was man immer wieder und wieder wiederholt, in eine Gewohnheit. Und du kannst aus allem, was für dich nützlich ist, eine Gewohnheit machen. Brians Freund Ed Foreman* meinte einmal: „Gute Gewohnheiten bilden sich nur schwer, aber man lebt sehr viel leichter mit ihnen. Schlechte Gewohnheiten bilden sich sehr leicht, machen aber das Leben schwer."

Es ist nicht einfach, eine neue, positive Denkweise zu entwickeln. Ist sie aber erst einmal in deinem bewussten und unterbewussten Verstand programmiert, läuft alles automatisch und ganz einfach. Deshalb sagte Goethe: „Habe Geduld, alle Dinge sind schwierig, bevor sie leicht werden."

*geb. 1933, amerikanischer Politiker.

DIE MACHT DER POSITIVEN AFFIRMATIONEN

Genauso wie du wirst, worüber du nachdenkst, so wirst du auch, was du dir immer wieder selbst einredest. Aber dein Gehirn ist standardmäßig auf „negativ“ im Sinne von Vermeidung geschaltet, weil:

a.) es nicht dazu neigt, etwas zum zweiten Mal zu tun, was uns verletzt hat, damit sich der Schmerz nicht wiederholt, und

b.) es von allem beeinflusst wird, was die meisten Menschen in seiner sozialen Umgebung machen.

Das Gehirn hat also die natürliche Neigung, Gedanken der Vermeidung in ihrer negativen Form zu speichern, etwa „sorge dafür, dass du nicht verlassen wirst …“ und es programmiert das Unterbewusstsein damit, über Verlassenwerden nachzudenken – und erzeugt somit, was wir NICHT wollen.

Wir neigen zudem aus unserer Natur heraus dazu, das zu tun, was alle machen, weil wir soziale Wesen sind, die nach Anerkennung und Lob streben. Wenn viele Menschen in deiner Umgebung (heimlich oder offen) glauben, dass nur gierige Menschen Geld verdienen wollen, dann bist du Gedanken ausgesetzt, die dich dahin lenken, dass du eben nicht so viel Geld verdienen wirst.

Wenn du NICHT mit voller Absicht positiv über das nachdenkst, was du willst und wie du es erreichen kannst, wird sich der Kopf wie bisher gewohnt auf Autopilot mit negativen Gedanken füllen, die bestimmte Ereignisse vermeiden sollen, dich aber von etwas erwünschtem Neuen abhalten können.

Durch die Kraft der Affirmationen wird dein Potenzial unbegrenzt. Sagst du immer wieder positive, aufbauende Worte, dann werden sie bald von sich aus eine ganz eigene Kraft entwickeln. Du denkst und fühlst dich dann immer stärker im Einklang mit deinen neuen, positiven Botschaften bzw. deiner Programmierung. Deine neue, positive Einstellung löscht und vertreibt negative Gedanken und Erfahrungen. Du entwickelst ein kräftiges „mentales Immunsystem“.

DIE DREI P'S DER POSITIVEN AFFIRMATIONEN

Man sollte alle seine Affirmationen, auch die schriftlich notierten, immer mit den drei P's formulieren: persönlich, positiv und im Präsens (Gegenwartsform). Um sie *persönlich* zu machen, fängt jedes deiner geistigen Kommandos mit „Ich" an. Du sagst dir selbst: „Ich schaffe das" oder „Ich mag mich! Ich liebe mich!" oder auch „Ich erreiche ein Einkommen von XXX Euro monatlich (oder jährlich)."

Durch das Präsens formulierst du jedes affirmative Kommando so, als ereigne es sich in der Gegenwart oder habe sich bereits ereignet. „In diesem Jahr verdiene ich XXX Euro" oder „Ich wiege XXX Kilo". Weil dein Unterbewusstsein nur Befehle annimmt, die zeitlich in der Gegenwart formuliert sind, akzeptiert dein unbewusster Computer sie jetzt sofort und arbeitet dann 24 Stunden am Tag daran, auf diese Realität hin zu steuern.

Wie schon besprochen, sollen deine Gedanken *positiv* sein. Dein Unterbewusstsein kann keinen negativen Befehl verarbeiten. Du sagst: „Ich bin jetzt ein Nichtraucher" statt „Ich rauche jetzt nicht mehr" oder noch besser: „Meine Lunge bekommt immer nur klare Luft". Du sagt: „Ich bin geduldig und liebevoll" statt „Ich rege mich nicht mehr auf."

Verwende nie eine Affirmation, von der du selbst nicht richtig glauben kannst, dass sie auf dich zutrifft. Sie wirkt viel weniger oder gar nicht, wenn du an ihr zweifelst. Suche nach Konzepten und nach den richtigen Worten, um solche Ereignisse zu affirmieren, die dir wirklich zustoßen könnten, wenn du die notwendigen Voraussetzungen erfüllst und tust, was du dafür tun musst – und dann kannst du auch erwarten, dass sich das Gute auf dich einstimmt und deiner guten Absicht folgt.

Bestellformular

Rückantwort senden an: +49 22 02 / 18 89 11

oder per Post an folgende Adresse:

BREUER & WARDIN Verlagskontor GmbH
Zum Scheider Feld 12
51467 Bergisch Gladbach

oder im Online-Shop: www.weiterbildungs-shop.de

Ja, ich möchte folgendes bestellen:

❑ „Die Liebesbeziehung", 2 CDs, für nur 24,90 € Anzahl:_______

❑ „Das höhere Selbst" für nur 19,95 € Anzahl:_______

❑ „Intrinsische Kompetenz" für nur 19,00 € Anzahl: _______

Bezahlung: ❑ Rechnung ❑ SEPA Lastschrift
Bankverbindung bei Lastschriftverfahren, für Deutschland und Österreich möglich:

Konto Inhaber:_______________________ Bank: ___________________________

IBAN.: ___________________________ BIC: ___________________________

Ich ermächtige die B&W Verlagskontor GmbH, den Betrag bis auf Widerruf von meinem Konto abzubuchen.

Anrede Titel Vorname Name

Straße, Haus Nr. PLZ, Ort

Telefon E-Mail

Ort, Datum Unterschrift

Rückgaberecht: Sie können alle Artikel ohne Angaben von Gründen innerhalb von 4 Wochen auf unsere Gefahr zurücksenden. Zur Frist- wahrung genügt die rechtzeitige Absendung der Artikel an oben genannte Adresse, am einfachsten unter Verwendung des beigelegten Rücksende- formulars. Die Frist beginnt mit Erhalt der Ware. Für benutzte oder beschädigte Artikel wird die entsprechende Wertminderung in Abzug gebracht. Bei Artikeln unter € 40,- trägt der Käufer die Rücksende- kosten, bei Warenwerten darüber vereinbaren Sie bitte die Abholung unter 01805-436436 (0,14 € / min). Das Rückgaberecht ist nach Entsiegelung gelieferter Audio- oder Videoaufzeichnung ausgeschlossen. Details zu Versand und Rückgabe finden Sie in unseren AGB's

DU GLAUBST, WAS DU SIEHST

Die zweite und vermutlich stärkste Methode der mentalen Programmierung ist die *Visualisierung*. Je mehr klare geistige Bilder du von dem Menschen in Kopf und Herz hast, der du gerne wärst, und der Ergebnisse, die du erzielen möchtest, desto tiefer dringen diese Befehle in dein Unterbewusstsein ein und programmieren dich darauf, in einer bestimmten Weise zu denken, zu fühlen und zu handeln, wie die Umstände das erfordern.

Die vier Schlüssel zur wirksamsten und effektiven Visualisierung, um dich positiv denken zu lassen, lauten:

1. **Klarheit:** Es hängt erwiesenermaßen zusammen, wie klar und lebhaft dein geistiges Bild ist und wie schnell sich deine Ziele und gewünschten Verhaltensweisen in deinem Leben verwirklichen.

Wenn du klare mentale Bilder erzeugst oder Bilder von dem anschaust, was du dir wünschst, dann prägen sich diese Bilder in dein Unterbewusstsein ein. Dieses zieht dann die Menschen und Ressourcen in dein Leben, die helfen, deine Visualisierung zu verwirklichen.

2. **Intensität:** Je mehr Emotion du in deine Visualisierung (und Affirmation) steckst, desto stärker beeinflusst sie deine Gedanken, Gefühle und Taten.

Der Schlüssel für die beste Wirkung liegt darin, dass du die Emotion erzeugst, die auch die erfolgreiche Realisierung deines Wunsches mit sich brächte. Du solltest ganz bewusst das erwartete Gefühl von Erfolg und Glück spüren, das du tatsächlich hast, wenn diese Visualisierung in deinem Leben eintrifft.

3. **Dauer:** Je andauernder du dieses lebhafte, klare, emotionale Bild jedes Mal vor deinem geistigen Auge behalten kannst, desto schneller wird es wahr.

4. **Häufigkeit:** Je öfter du dein Bild des idealen Ziels, Lebens, neuen Verhaltens oder der von dir ersehnten Erfahrung innerlich aufbaust, desto schneller programmierst du diesen Wunsch in deinem Unterbewusstsein und machst ihn damit wahr.

SCHNELLE VOR-PROGRAMMIERUNGS-METHODE

Diese Methode kannst du nutzen, um dich mental auf ein kommendes Ereignis einzustellen. Dazu musst du vier Sachen in einer bestimmten Reihenfolge erledigen: Verbalisieren, Visualisieren, Emotionalisieren und Realisieren.

Zuerst denkst du an das, was du willst, bzw. wie du dich bei dem bevorstehenden Ereignis verhalten willst, und du erschaffst ein persönliches, positives Kommando im Präsens, das klar und deutlich verfasst ist, etwa: „Beim nächsten Vorstellungsgespräch (oder bei der Präsentation meines Vorschlags für ein Geschäft) bin ich innerlich ganz ruhig, positiv und auf alles vorbereitet.“

Als zweites erschaffst du ein klares, lebhaftes Bild von dir, in dem du dich ganz genau so verhältst, dass du das beste Ergebnis erreichen kannst.

Als drittes emotionalisierst du. Du baust innerlich das Gefühl auf, das du haben wirst: ruhig, selbstsicher, zuversichtlich und entspannt, wenn sich die Situation genauso entwickelt, wie du sie dir wünschst.

Schließlich gibst du dieses dreiteilige Kommando in dein Unterbewusstsein und ermöglichst deinem Unterbewusstsein, damit zu arbeiten, bis es soweit ist und der Termin sich ereignet. Du wirst immer wieder mal erstaunt sein, wie stark das Ereignis oder die Erfahrung ziemlich genau mit deiner Vorstellung davon übereinstimmt.

VORBEREITUNG AUF EIN EREIGNIS

Wenn du dich vor einem wichtigen oder stressigen Ereignis vor-programmierst, stellst du sicher, dass du darauf vorbereitet bist, optimal zu funktionieren. Die Fähigkeit, dich vorzuprogrammieren, ermöglicht dir die perfekte innere Ausrichtung und Lenkung für dich und deine Leistung.

Ist das bevorstehende Ereignis noch ein paar Tage entfernt, führst du diese dreiteilige Übung mehrmals am Tag durch, so, wie man sich auch für einen sportlichen Wettkampf trainieren würde. Die beiden am besten für diese Art „mentalen Trainings" geeigneten Zeitpunkte liegen abends kurz vor dem Einschlafen und morgens gleich nach dem Aufwachen. Dann ist dein Unterbewusstsein nämlich am empfänglichsten für so eine Reprogrammierung.

ÜBUNG Verstand und Geist

Meine (Raho) beste Zeit, den besten Verlauf des Tages für mich vorab zu klären, sind die ersten Minuten jeden Tages, wenn mein Geist erwacht. Einfach nur einige Minuten lang aufrecht zu sitzen – das ist ideal dafür, sich alles bewusst zu machen, worauf es heute ankommt.
Du wirst merken, was deine Seele vom Grunde deines Herzens wirklich will. Dein Verstand lässt sich inspirieren und plant oft schon von ganz alleine, was man an diesem Tag am besten erledigen kann, wie man dabei vorgeht, um das bestmögliche Ergebnis für das eigene Leben und durch Liebe für andere Menschen zu erreichen. Es ist leicht, diese Meditation in den ersten Minuten eines Tages zu erlernen. Man braucht ja nur ein paar Minuten. Der Nutzen aber ist von größtem Wert: innere Ausgeglichenheit für Körper, Geist und Seele bis hin zur perfekten Gesundheit und ideale Inspiration in allen Bereichen des Lebens. Probiere es aus, und mache es 21 Tage lang, wenn es zur Gewohnheit werden soll.

DIE KRAFT EINES NEINS

Die meisten Leute wachsen mit einer Angst vor Zurückweisung und Kritik auf, weil sie in ihrer Kindheit kritisiert worden sind. Sie fürchten sich vor den negativen Reaktionen anderer Leute, selbst auch von völlig fremden Menschen, die sie gar nicht kennen.

Als Kind lautet eines der Lieblingsworte: „Ja“. Kriege ich was Süßes? *Ja?* Kriege ich noch einmal Nachtisch? *Ja?* Kriege ich eine neue Puppe? *Ja?* Wir lieben das Wort „Ja“ mindestens so sehr, wie wir das „Nein“ überhaupt nicht hören wollen.

Als Erwachsene sind wir darauf konditioniert, nach „Ja“-Ereignissen zu streben und „Nein“-Ereignisse möglichst zu vermeiden. Willst du aber vorankommen, musst du immer das Risiko eingehen, dass der andere dir ein Nein gibt. Gehst du dem „Nein“ aber so oft aus dem Weg, dass es zu deiner Gewohnheit geworden ist, dann verursachst du damit für viele deiner Chancen, erfolgreich und glücklich zu sein, von vornherein einen Kurzschluss. Du schließt damit unbewusst sehr viel Gutes aus.

ZURÜCKWEISUNG IST NORMAL UND NATÜRLICH

Das gilt vor allem im Geschäftsleben, und da insbesondere im Verkauf. Gewöhnlich erhält jeder Verkäufer für jedes „Ja“ mindestens fünf, zehn oder sogar zwanzig „Neins“. Deshalb muss man seinen Geist so umprogrammieren, dass man keine Angst mehr vor dem Wörtchen Nein hat. Wenn du dann keine Angst mehr vor einer Zurückweisung hast, öffnet sich eine gesamte Zukunft neu für dich.

Das effektivste, machtvollste Wort auf dem Weg zum Erfolg lautet: „fragen“. Je mehr du nach etwas fragst, also darum bittest, desto mehr bekommst du. Das stimmt für Arbeitsplätze und Beförderungen, es ist so bei Dates und in der Beziehung, es wirkt im Verkauf und bei Geschäften. Die Zukunft gehört den Fragenden.

SAMMLE DIE NEINS!

Wie löschst man seine Angst vor einem „Nein“ aus? Indem man sich darauf vor-programmiert, ganz eifrig so viele „Neins“ wie möglich zu sammeln. Man entschließt und entscheidet sich dazu, ab heute keine Angst mehr vor dem Wort „Nein“ zu haben.

Diese Entdeckung veränderte Brians Leben, als er selbst 24 Jahre alt war, und sie veränderte auch das Leben seines Sohnes, als dieser 24 Jahre alt war:

Mit 24 Jahren war ich ein ungelernter Arbeiter ohne Schulabschluss. Die einzige Arbeit, die ich bekommen konnte, war im direkten Verkauf auf Provisionsbasis. Also zog ich zur Kaltakquise tagsüber von Büro zu Büro und ging abends von Haus zu Haus und klingelte direkt an der Wohnung.

An meinem allerersten Tag war ich wie gelähmt vor Angst. Ich ging mehrmals um den Block herum – ich hatte einfach viel zu viel Angst, um an einer Tür zu klingeln. Schließlich nahm ich mich zusammen, raffte mich auf und klingelte an einer Tür. Dann wartete ich mit pochendem Herzen.

Ich erinnere mich noch an die nette alte Dame, die mir öffnete, höflich mit mir redete, mir für mein Kommen dankte und mir dann noch einen schönen Tag wünschte. Als ich die Einfahrt entlangging, entschloss ich mich innerlich dazu, nie mehr Angst davor zu haben, fremde Menschen anzusprechen und sie um einen Auftrag zu bitten.

STELL DICH DER ANGST VOR DER ZURÜCKWEISUNG

Von diesem Tag an reprogrammierte ich mich dazu, jeder Ablehnung eifrig entgegen zu sehen, um das Wort „Nein“ zu hören. Ich entschied mich, dass jedes „Nein“ ab jetzt ein Ansporn sein sollte, größere Mühe und mehr Enthusiasmus an den Tag zu legen. Wenn ich morgens loslegte, konnte ich das erste „Nein“ kaum erwarten. Wenn es dann kam – und es kam unweigerlich, erhellte sich mein Gemüt und ich sprang voran, zur nächsten Aktion.

Als mein Sohn seinen College-Abschluss hatte, bat er mich um einen Rat, welchen Beruf er erlernen sollte, um erfolgreich zu sein. Ich meinte zu ihm, wenn er als Vertreter auf der Straße ein Jahr überstehen könnte, wäre er psychologisch perfekt vorbereitet auf sein ganzes Leben.

Er nahm meinen Rat an und arbeitete als Vertreter, der Fiberglas-Knotenpunkte verkaufte, blieb ein Jahr dabei und kam als völlig neuer Mensch zurück. Sein Selbstvertrauen ging durch die Decke. Er sagte mir: „Papa, jetzt weiß ich, dass ich in meinem Leben erfolgreich sein werde, weil ich nach einem Jahr als Vertreter vor nichts mehr Angst habe."

DER GEMEINSAME NENNER DES ERFOLGS

Es ist erstaunlich, wie viele der erfolgreichen Menschen, die ich auf der ganzen Welt kenne, die als Vertreter begannen oder in einem Beruf waren, in dem sie ganz viele Ablehnungen erfahren haben, jetzt zu den Besten ihrer Branche gehören.

Man kann sich darauf vorprogrammieren, keine Angst mehr vor Zurückweisung oder vor einem Scheitern zu haben, indem man sich immer und immer wieder vorsagt, dass einen nichts aufhalten kann. Visualisiere dich dazu als ruhig, zuversichtlich und mit einem Lächeln, wann auch immer ein Nein kommt. Sprich mit dir selbst und erzeuge in dir die Emotion, die der gewünschte Erfolg mit sich brächte. Indem du die mentalen Programmierungsmethoden der Affirmation, Visualisierung und Emotionalisierung wiederholst, übernimmst du die Lenkung deines Verstandes und deiner Emotionen vollkommen, stärkst damit dein Selbstvertrauen und wirst zu einem durch und durch positiv denkenden Menschen.

ÜBUNG „Stelle dir von Anfang an das Endergebnis vor."

Denke an ein bevorstehendes Ereignis, das dich wegen des möglichen Ergebnisses nervös macht oder vor dem du Angst hast. Erschaffe eine positive Affirmation, die genau beschreibt, wie du dich verhalten willst und zu welchem Ergebnis das Ereignis führen soll. („Ich bin ruhig und selbstsicher und führe das Bewerbungsgespräch so wie ich es ideal finde." Oder: „Ich bekomme den Job!" Oder: „Ich verkaufe sehr erfolgreich.") Erzeuge dazu ein klares, lebhaftes und glückliches Bild dieses idealen Ergebnisses und spiele es immer wieder und wieder auf der Leinwand deines Unterbewusstseins ab. Du wirst über den Erfolg erstaunt sein – und zwar gleich beim allerersten Mal.

KAPITEL 7 – ENTDECKE DIE SCHÖNHEIT DER FRÖSCHE

„Probleme kommen nicht, um uns zu behindern, sondern um uns zu lehren.“
(Emmet Fox)*

Nicht das, was dir in deinem Leben passiert, bestimmt was du fühlst, sondern deine Reaktion auf die Ereignisse. Es geht also nicht um die Frösche in deinem Leben, sondern um deinen Umgang mit diesen Fröschen. Zwei Menschen erleben dasselbe, aber einer davon steht über den Dingen, lässt die Sachen los und vergisst sie, und meistert den Rest des Tages und lebt sein Leben. Der andere ist niedergeschlagen, wütend, voller Missgunst und oft auch für längere Zeit unglücklich. Dasselbe Ereignis, zwei völlig unterschiedliche Reaktionen.

In ihrem Buch *„Ein Kurs in Wundern“* schreiben Helen Schuman** und William Thetford***: „Man verleiht allem Bedeutung, was man sieht.“ Das heißt, das nichts von sich aus eine Emotion trägt, weder positiv noch negativ, sondern dass man nur durch die Art, wie man über sie denkt, eine Emotion hineinlegst.

Du kennst vermutlich die Frage: „Wenn in einem Wald ein Baum umfällt und keiner ist da, der es hört oder sieht, ist er dann (in deiner Welt) umgefallen?“ Wenn irgendetwas passiert, und

**1886 – 1951, spiritueller Führer der 'New Thought'-Bewegung, USA.*
***1909 – 1981, amerikanische Psychologin.*
****1923 – 1988, amerikanischer Psychologe.*

du dem Ereignis überhaupt keine negative Emotion beimisst, ist es – für dich – dann wirklich passiert?

TRIFF EINE ENTSCHEIDUNG

Der schnellste Weg, sich vom Negativen zum Positiven hin zu transformieren und sich von den unglücklichen Ereignissen der Vergangenheit zu befreien, gründet sich auf die Entschlossenheit, mit der man seine Vergangenheit anders betrachtet. Sobald man das Substitutions-Gesetz anwendet und jeden negativen in einen positiven Gedanken verwandelt, ändern sich die Emotionen praktisch augenblicklich.

Der berühmte spirituelle Autor Wayne Dyer* bemerkte einmal: „Es ist nie zu spät, eine glückliche Kindheit zu haben." Anders gesagt: Indem man innerlich in seine Kindheit zurück geht und seine Interpretationen der unglücklichen Erlebnisse, die man vielleicht gehabt hat, überarbeitet, dann sind sie nicht mehr schlecht, sondern gut, nicht mehr deprimierend sondern erhebend. Du kannst anfangen, deine Kindheit in einer völlig neuen und positiven Weise zu betrachten.

HABE EINE GLÜCKLICHE KINDHEIT

Stell dir vor, dass du irgendwo an einem weit entfernten Ort im Universums lange vor deiner Geburt als Seele gelebt hast, und dass du in der Lage warst, die ganze Erde nach deinen nächsten Eltern abzusuchen und dann deine Wahl getroffen hast. Durch diese Auswahl hast du dir Eltern erwählt, die dich in eine Situationen bringen, durch die du für dieses nächste Leben die Lektionen lernen würdest, die für dich als Seele am wichtigsten zu lernen wären.

Stelle dir vor, du hättest dir deine Eltern aus freien Stücken ausgesucht, damit du all die Erfahrungen und Probleme des

**geb. 1940, amerikanischer Autor und Psychotherapeut.*

Aufwachsens in dieser Familie erleben kannst, weil du nur so lernen konntest, dich so zu entwickeln und zu einem besseren Menschen zu werden.

Wenn du mit dieser Vorstellung spielst und dich dann an deine Eltern und Geschwister und an deine Kindheitserlebnisse erinnerst, wirst du deine Kindheit in einem anderen Licht sehen. Du wirst anfangen, all die Lektionen zu erkennen, die du aus jedem Problem und jeder Schwierigkeit gezogen hast, denen du dich beim Aufwachsen stellen musstest. Aber jetzt, indem du akzeptierst, dass du *deine Familie absichtlich selbst gewählt hast*, betrachtest du deine Erfahrungen als wichtige Schritte auf deinem Weg des Wachstums und deiner weiteren Entwicklung. Du fängst an, diese Erfahrungen nun als positive Lehre und Weiterbildung zu sehen, und nicht mehr als negativ oder schmerzlich. Es ist ja vorbei, es ist nur noch Vergangenheit.

Denke daran, wie sehr deine Eltern dich geprägt haben. Erinnerst du dich daran, wie die Art, wie deine Eltern mit dir umgegangen sind, die Entwicklung deiner größten Stärken förderte und das Beste aus dir gemacht hat? Entscheide dich dafür, all das aus einer völlig positiven Haltung zu betrachten, damit du die größtmöglichen Einsicht erhalten kannst – das kann und wird von nun an dein ganzes restliches Leben erhellen und erleichtern.

BESCHWERE DICH NICHT, ERKLÄRE DICH NICHT

Viele Leute beschweren sich Jahrzehnte lang über das, was ihre Eltern getan oder nicht getan haben, als sie aufwuchsen. Auf mich, Brian, traf das jedenfalls ganz sicher so zu. Ich erinnere mich, als ich Anfang dreißig war und ein Date mit einer jungen Frau hatte. Beim Abendessen kramte ich in meinen Erinnerungen und beschwerte mich über meinen Vater, der immer grob zu mir gewesen war und mich nie lobte, als ich heranwuchs.

Die junge Frau war ziemlich klug. Sie hörte mir eine Zeitlang zu, dann unterbrach sie mich und fragte: „Brian, bist du froh, dass du lebst?"

„Natürlich!", antwortete ich. „Ich genieße mein Leben, ganz bestimmt." Da meinte sie: „Also, dein Vater hat dich hierher gebracht, also hör auf zu jammern."

Ich erinnere mich, dass ich einen Augenblick lang sehr erstaunt war. Dann merkte ich, dass sie völlig Recht hatte. Von diesem Tag an habe ich nie mehr über meinen Vater oder meine Kindheit geklagt. Ich war gern am Leben, also hatte ich kaum das Recht, die zu kritisieren, die mich in diese Welt getragen hatten.

Genau das kannst du auch. Was immer deine Eltern getan haben oder unterlassen haben, sie haben dir das Leben geschenkt. Sie gaben dir das größte Geschenk, das man machen kann: Dein Leben. Dafür kannst du ihnen ewig dankbar sein.

DIE GROßE MACHT

Stell dir vor, dass es im Universum eine große Macht gibt, die dich liebt und die für dich nur das Beste will. Diese große Macht will, dass du glücklich, gesund und zufrieden bist. Diese große Macht will, dass du erfolgreich und vermögend wirst.

Eine der wichtigsten Einsichten darüber, wie man im Leben immer höhere Gipfel des Glücks, der Freude und des Erfolgs erreicht, indem man auf dem Weg die notwendigen Lektionen lernt, liegt darin, dass die Natur im Prinzip *pervers* ist: Man lernt nämlich nur, wenn etwas richtig weh tut oder wenn man eine schier unendlich Freude und Liebe für etwas fühlt, was man werden will oder was man erreichen will.

Du lernst allein durchs Lesen nicht wirklich tiefgreifend, und auch nicht, indem du nur anderen bei ihren Erfahrungen zusiehst. Die ganze, große Weisheit und Wahrheit darüber, wie man seinen Seelenfrieden, starke Gesundheit und materielle Fülle findet, lernt man leider meistens erst dann, wenn man Schmerz empfindet – sei das körperlich, emotional oder finanziell.

Als Raho einmal einen Falkner beobachtete, der Adler dressierte, erklärte dieser, das Geheimnis, dass die Tiere tun, was er will, liege ganz einfach darin, dass man begreift: Tiere neigen von Natur aus dazu, ihre Kräfte zu schonen. Fliegen macht ihnen wohl Spaß, aber wie wir beim Joggen verbrauchen auch sie dabei Energie. Wenn man einem Falken nun Futter anbietet und ihm beibringt, wie einfach er das haben kann, dann kommt der Falke immer zu dir zurück und nimmt von dir, was du ihm anbietest. Dann, wenn er daran gewöhnt ist, fliegt er für dich.

Das gilt auch für uns in unserem Leben. Viele Menschen liegen bloß auf ihrer Couch und schauen Fernsehen, während sich ein erfolgreiches Leben nur dann zeigt, wenn man wirklich aktiv etwas unternimmt. Die meisten Menschen lernen gar nicht, wie sie Erfolg und Glück finden, weil sie ja nicht müssen! Man lernt die Lektionen, die man lernen muss, oftmals nur durch Schmerz, der echte Aufmerksamkeit von einem fordert.

Das zeigt sich sehr deutlich an der Art und Weise, wie sich die Menschen um ihre Gesundheit kümmern. Die meiste Zeit stopfen sie gedankenlos alles in sich hinein, was ihnen schmeckt, und sie wählen oft, keinen Sport zu machen. Erst wenn sie körperlich krank werden oder leiden, dann ändern sie ihre gesundheitlichen Gewohnheiten und fangen an, gesünder zu essen und besser für ihren Körper zu sorgen.

WARUM DU LEBST – DIE LEBENSAUFGABE

Ein anderer Weg ist, seinen Lebenszweck herauszufinden, deine Lebensaufgabe. Die meisten Menschen erkennen das erst nach schmerzhaften Erfahrungen, weil diese sie dazu bringen, danach zu suchen. Andere aber treibt irgendein inneres Gefühl dazu, etwas zu erforschen, etwas erblühen zu lassen oder etwas zu entwickeln, das man ihnen in der Schule oder in der Ausbildung nie beigebracht hat.

Du wirst auf deinem höchsten Niveau lernen und wachsen, wenn du tief in deiner Seele, im tiefsten Grunde deines Herzens nach dem suchst, weshalb du wirklich auf die Welt gekommen bist. Was ist deine Lebensaufgabe, für die du eigentlich lebst? Was ist dein Lebenszweck? Du kannst anfangen, das herauszufinden, wenn du eine Liste all dessen erstellst, was dich zum Lächeln und zum Handeln gebracht hat, und zwar von deiner frühesten Kindheit an und bis ins frühe Erwachsenenalter.

Frage dich selbst: Was könnte ich den ganzen Tag lang tun, vielleicht sogar nonstop und mit einem Lächeln auf den Lippen und Frieden in meiner Seele, wenn ich mir über Zeit keine Gedanken machen müsste und echten Flow erlebe?

Wenn du diesen Geisteszustand ansteuerst, den die Psychologen „Flow" nennen, steht dir immer Energie zur Verfügung, die du dann natürlich auch zum Nutzen Anderer einsetzen kannst, als deinen Beitrag für die Welt. Wenn du die Gesetze der Wirtschaft und des Geldes nutzt*, die man heute ja lernen und anwenden kann, um Geld zu verdienen, erzeugst du ein Kraftfeld von immer mehr Energie, das auch andere dazu bringt, mehr Glück, Gesundheit, Freude und Erfolg im Leben zu genießen.

Das ist das Gesetz der Motivation: Tue, was du am liebsten tust und trainiere, bis du es auf dem höchsten Niveau kannst – und du wirst ständig weiter lernen und wachsen. Dazu fügst du die Absicht hinzu, den anderen damit zu dienen, indem du eine Ware oder Dienstleistung erschaffst, die andere wollen und für die sie gerne Geld auszugeben bereit sind. Und die Energie, die du hineingesteckt hast, macht sich nicht nur durch den Spaß und die Freude bezahlt, dass du tust, was du natürlicherweise unheimlich gern tust.

** Vgl. Brian Tracy´s Audio-Seminare wie „Geld & Geldverdienen" und einige andere bei www.Bornhorst.de*

Indem du dir Kenntnisse des Marketing aneignest, um dich selbst und deine Angebote aus deinen liebsten Tätigkeitsgebieten heraus zu vermarkten, kommst du auf die Autobahn des maximalen Energieaustauschs. Du kannst das nutzen, um anderen Menschen zu helfen und materielle Fülle zu erschaffen und auch andere Projekte zu unterstützen, die du gut findest.

Wie schon gesagt: Dein Leben läuft auf Autopilot, von den Lungen über das Herz bis zu deinem Verstand. Dein ganzer Organismus ist ständig aktiv. Wenn du dich nicht aktiv für etwas entscheidest, entweder weil dich dein Schmerz dazu zwingt oder aus ganz freien Stücken und eigenem Antrieb, der vom Grunde deines Herzens her kommt, dann lebst du ein Leben, das auf Autopilot funktioniert. Deine Gedanken wiederholen sich, und deine Emotionen wiederholen sich immer wieder. Doch du kannst das Lenkrad in die Hand nehmen und mit den hässlichen Frösche in deinem Leben konstruktiv umgehen und dich jenseits davon weiter entwickeln. Aber du solltest dich irgendwann entscheiden, ob du in diesem Leben wirklich verwirklichen und materialisieren willst, was das Leben „eigentlich" für dich bereithält, und was du „eigentlich" am liebsten tun und erreichen würdest. Viele Angebote, Seminare und Trainings für das persönliche Wachstum von Menschen*, drehen sich immer auch um die Frage, wie man den eigenen „idealen Wegs durch das Leben" für sich selbst erkennen und klären kann. Und da wir heute praktisch immer und überall Zugang zum Internet haben, findet jeder buchstäblich Hunderte und Tausende von Ideen, die genau zu deinen Wünschen passen – du musst dich nur erheben und danach suchen. Wer suchet, der findet.

**Vgl. www.Bornhorst.de*

ÜBUNG Finde deine Lebensaufgabe

Lehne dich zurück und entspanne dich eine Zeitlang, dann lässt du Erinnerungen aus deiner Kindheit und Jugend zu und stellst dir diese Frage: Was habe ich immer gern getan, wenn mir niemand zusah und ich nichts tun musste? Dann schreibst du alles auf, was dir in den Sinn kommt, ganz gleich, ob es sich um Gedanken oder Bilder oder Gefühle oder sogar körperliche Empfindungen handelt. Du kannst schöne Musik spielen, wenn dir das bei dieser mentalen Übung hilft. Lasse aber auf jeden Fall deinen Geist umherschweifen, um so viele Teile des Puzzles einzusammeln wie möglich. Wenn du das gemacht hast und sie alle auf ein Blatt Papier geschrieben hast, liest du dir selbst die ganze Liste vor – und hältst dabei immer die eine einzige Frage im Kopf: Was ist bei all dem der gemeinsame Nenner für mich? Denn dein Ziel dabei ist, zu erkennen, was du tun würdest, wenn du nichts tun müsstest – wie ein Kind, das nichts tun muss. Was tust du von Natur aus alles gern, und was ist die Essenz all dessen für dich?

Die Lebensaufgabe lässt sich nicht immer leicht entdecken, und sie steckt meist nicht in einem einzigen Wort. Aber vielleicht kannst du alles in einem Satz zusammenfassen, etwa: „In meinem Leben dreht sich alles immer irgendwie darum, dass ...“

Ein Lebenszweck ist nicht immer etwas, dessen dir völlig bewusst wird und was du augenblicklich in Worte fassen kannst. Denn es wächst, während man seine Perspektiven im Leben erweitert. Wie eine Biene auf der Suche nach Nektar viele Blüten berührt, auch um Pollen zu sammeln, befruchtet sie gleichzeitig und vielleicht „unwissentlich“ auch die Blumen. Ein Teil der „Lebensaufgabe“ der Bienen ist also, Blüten zu befruchten...

Manche Leute müssen diese Übung immer wieder einmal durchführen, um den wahren Sinn ihres Daseins besser erfassen zu können – und finden dabei heraus, dass die „Suche" an und für sich betrachtet auch ein Teil ihrer Sinnsuche im Leben ist.

Wer eine geführte „Tour" zur Nutzung des eigenen Geistes sucht, kann das auch per Audioseminar lernen.

DIE LEKTIONEN, DIE DU LERNEN MUSST

Kommen wir zurück zu der großen Macht im Universum, die wir uns vorher vorgestellt haben: Um dich zu lehren, dich auszubilden und dich zu deinem höchsten Gut zu leiten, sendet dir diese Macht Lektionen, die jeweils von Schmerz begleitet sind, damit du zuhörst und ihnen die gebührende Aufmerksamkeit schenkst.

Norman Vincent Peale* meinte einmal: „Wenn Gott uns ein Geschenk machen will, dann verpackt er es in Probleme. Je größer das Geschenk ist, dass Gott für dich hat, desto größer sind die Probleme, in die er es einwickelt."

Betrachtest du jedes Problem oder jede Schwierigkeit in deinem Leben so, als würde sich darin eine Art Geschenk verbergen, dann siehst du die Dinge neu.

Napoleon Hill** sagte einmal: „In jedem Problem und bei jeder Schwierigkeit, die sich dir stellen, liegt bereits der Keim eines gleichen oder noch größeren Vorteils oder Nutzens."

Deine Aufgabe ist es, dich auf diesen potenziellen Vorteil oder Nutzen zu konzentrieren und nicht an die Aspekte der Situation zu denken, die dich wütend oder unglücklich machen.

Denke an die schlimmsten Misserfolge deines Lebens. Was sind die allerwichtigsten Lektionen, die du aus ihnen gelernt hast? Wie haben diese Lektionen dann dazu beigetragen, dass du später bessere Entscheidungen getroffen hast? Und vor allem: Welche Vorteile und welchen Nutzen hast du daraus gezogen?

**1898 – 1993, amerikanischer Pfarrer und Autor.*
***1883 – 1970, amerikanischer Autor.*

DENKE HEUTE AN DEINE PROBLEME

Um mit dieser Übung fortzufahren, denke doch einmal an alle Probleme, mit denen du dich gerade herumschlägst. Stelle dir vor, deine Probleme glichen einem Stapel Teller. Dabei sollte unten das kleinste Problem, die größte Sorge deines Lebens aber ganz oben auf dem Stapel.

Nun stelle dir bitte einmal vor, dass dir eben dieses Hautproblem gesandt wurde, damit du darin ein Geschenk in Form einer Lektion erkennst, die du lernen musst, um in Zukunft glücklicher und erfolgreicher zu sein. Wie lautet diese Lektion?

Eine der effektivsten Methoden dafür, dass du Negatives in Positives verwandelst, aus Fröschen also Prinzen machst, besteht darin, dass du in jeder deiner Schwierigkeiten oder Probleme diese wichtige Lektion zu entdecken lernst. Das verblüffende daran ist, dass, wenn du bei jedem Rückschlag und bei jeder Schwierigkeit nach der enthaltenen Lektion suchst, dann manchmal sogar viele Lektionen für dich darin findest.

Emmet Fox schrieb einmal: ***„Große Seelen lernen große Lektionen aus kleinen Problemen.“***

Du kannst dieses Konzept auch dann einsetzen, wenn du dich künftigen Herausforderungen oder Situationen stellst, die dir Angst machen. Immer, wenn du etwas Neues ausprobierst, gibt es dabei ein Element von Angst oder Befürchtungen, weil du ein Risiko eingehst. Nimm jede Herausforderung an und gib ihr – wie den Fröschen – einen Willkommens- und einen Abschiedskuss, wenn sie auftauchen und wieder verschwinden, und sei schon vorher bereit dazu, aus ihnen zu lernen.

DIE LEKTIONEN, DIE DU LERNEN SOLLTEST

Wenn du heute an dein größtes Problem denkst, wobei es meistens auch um einen anderen Menschen geht, dann fragst du dich einfach: „Welche Lektion soll ich aus diesem Problem oder dieser Schwierigkeit ziehen?"

Normalerweise wird die erste spontane Antwort noch ziemlich simpel und oberflächlich sein. Vielleicht denkst du: „Ich sollte wohl mehr von diesem hier tun oder weniger von jenem."

Nun aber kommt der wichtigste Teil. Du stellst dir dann nämlich die wesentliche Frage: „Was *sonst noch* soll ich aus dieser Situation lernen?"

Diese Frage zwingt dich dazu, noch ein wenig *tiefer* zu gehen. Jetzt wird die Lektion wichtiger und bedeutsamer, allerdings auch schmerzlicher. Vielleicht musst du irgendetwas ganz anderes machen als bisher, oder du musst mit etwas anderem ganz aufhören?

Und dann fragst du dich noch einmal: „Welche Lektion muss ich *sonst noch* lernen?" Du gehst also noch einmal tiefer in die Frage hinein. Wenn du dir diese Frage weiter stellst, wird die Lektion noch relevanter, aber auch noch schmerzlicher, bis dir alle Einzelheiten und Aspekte bewusst werden, die dir ein tiefes Verständnis seiner gesamten Bedeutung und all seiner Lehren erlauben.

Und letztendlich, wenn es sich um ein Hauptproblem in deinem Leben handelt, mit dem du schon immer gekämpft hast, wirst du schließlich auf die wahre Lektion stoßen, die du hier eigentlich lernen sollst. Meistens geht es dabei um einen echten tiefgreifenden Wandel einer Situation, aus der du ganz heraus musst oder die du sogar ganz eliminieren müsstest.

Oft stellt man dann fest, dass wir häufig im Leben immer wieder dasselbe Szenario wiederholen. Am Arbeitsplatz haben wir immer dasselbe Problem, ganz gleich, in welchem Job wir arbeiten, und in unseren Beziehungen führen wir denselben Kampf, selbst wenn man einen neuen Partner hat. Erst wenn man ganz tief gräbt, wird man sich dieser Muster bewusst – die man aber tatsächlich verändern kann.

Eines der großen Ziele jeder Therapie (wenn man etwas heilen will) und jedes Trainings (wenn man etwas erreichen oder integrieren will) liegt darin, dass der Einzelne sich seiner Verhaltensmuster bewusst wird, um dann herauszufinden, welche Rolle der Klient spielt, wenn er sein Muster ständig wiederholt. Häufig machen wir als junge Menschen Erfahrungen, und irgendein Aspekt dieser Erfahrung bleibt ungelöst und hängt in unserem Verstand fest. Wir lernen die Lektionen nicht und erzeugen daher unbewusst immer wieder irgendwelche Situationen, die diese Erfahrung wiederholen, bis wir schließlich die Lektion lernen, die wir zu lernen hatten.

HERRSCHE ÜBER DEIN EGO

Wenn man endlich die Lektion begreift, die deine unglückliche Situation für dich enthält, solltest du in deinem Leben drastische Veränderungen durchführen. Aber nun kommt dein Ego, das ja naturgemäß per Autopilot interveniert, um einen weiteren Schmerz zu vermeiden. Folglich versucht man, einer Konfrontation zu entgehen. Du *verweigerst* dich, du hoffst oder wünschst dir, dass die Situation irgendwie schon vorbeigehen oder besser werden wird, auch wenn du tief in deinem Herzen drinnen weißt, dass das niemals einfach so passieren wird, wenn du nicht die Verantwortung übernimmst und gemäß deiner eigenen Wahl und freien Entscheidungen einen wesentlichen Aspekt an der ganzen Sache selbst änderst.

Hast du endlich den Mut, dich der Wahrheit deiner Situation zu stellen, geschieht allerdings etwas ganz Wunderbares. Du triffst nämlich den festen Entschluss, diese Probleme echt zu beenden, und zwar endgültig, und dann wirst du merken, dass du alles Notwendige und Nötige tun wirst, was diese Wahrheit von dir fordert. In dem Augenblick, in dem du begreifst, was zu tun ist, fällt der gesamte Stress von dir ab! Du wirst dich dann auf einmal ganz ruhig und entspannt fühlen. Du wirst glücklich und mit der Welt ins Reine kommen – und Frieden haben.

Wenn du dich also endlich der Wahrheit stellst, der wahren Lektion, die du zu lernen hast, dann fangen die Probleme bereits an, sich aufzulösen, bevor du überhaupt den ersten richtigen Schritt unternommen hast,

ÄNDERE DEINE WORTWAHL

Am schnellsten änderst du dein Bewusstsein von Negativ auf Positiv, indem du immer, wenn etwas schief geht, deine Wortwahl änderst. Du verwendest zum Beispiel statt des Wortes „Problem" das Wort „Situation".

Ein Problem ist *negativ*. Man denkt sofort an Verlust, Verzögerungen und andere Unannehmlichkeiten. Das Wort „Situation" aber ist *neutral*. Sagst du „Wir haben hier eine interessante Situation", dann haftet dem Wort kein negativer emotionaler Beigeschmack an. Folglich bleibst du ruhig und klar, und deshalb fällt es dir leichter, mit der Situation, worum auch immer es sich handelt, umzugehen.

Ein noch besseres Wort ist „Herausforderung". Du reagierst nicht auf Schwierigkeiten, als handle es sich um ein Problem oder einen persönlichen Angriff auf dich oder dein Unternehmen, sondern du sagst stattdessen: „Hier ist eine spannende Herausforderung, der wir uns stellen können."

Eine Herausforderung ist etwas, an dem wir *wachsen*. Sie fördert das Beste in uns. Sie ist positiv und richtet uns auf. Wir freuen uns auf Herausforderungen, weil sie uns dazu bringen, unsere Grenzen zu erweitern und besser zu werden, wenn wir sie überwinden.

Das beste Wort aber, um ein Problem zu beschreiben, ist eine Gelegenheit im Sinne von „Chance". Von jetzt an denkst du bei den unerwarteten Rückschlägen deines Lebens nicht mehr an Probleme oder Schwierigkeiten, sondern an Herausforderungen und Chancen. Jeder von uns will eine Chance, jeder freut sich auf sie. Mit dieser Geisteshaltung stellst du fest, dass tatsächlich viele deiner größten Chancen zuerst wie Probleme und Schwierigkeiten gewirkt haben.

PROBLEME SIND WIE DIE WELLEN DES MEERES: NOTWENDIG UND UNVERMEIDLICH

Ganz gleich, wie sehr du ihnen auch aus dem Weg gehen willst, dein Leben besteht doch immer aus einer Aufeinanderfolge von Problemen, Schwierigkeiten und Herausforderungen aller Art. Sie kommen ohne Unterlass, wie die Wellen auf dem Meer. Sie hören niemals auf. Sie werden einfach nur manchmal milder und dann wieder heftiger.

Das einzige, was diese endlose Reihe von Problemen unterbricht, die wie die Wellen zu dir ans Ufer schwappen, ist hin und wieder eine *Krise*. Wenn du ein recht aktives Leben lebst, dann kommt es wahrscheinlich alle zwei bis drei Monate zu einer Krise. Das mag eine körperliche oder eine finanzielle Krise sein, eine Familienkrise oder eine persönliche Krise. Auf jeden Fall aber erleidest du eine Krise irgendeiner Art.

Schon von Natur aus kommt jede Krise „unaufgefordert". Sie ist keine vorhersehbare Verdrehung oder ein Rückschlag, worauf man sich vorbereiten könnte oder gegen die man im Vorfeld etwas tut. Das Leben ist viel zu kompliziert, um sich auf jede Krise einzustellen oder sich aller Dinge bewusst zu sein. Es gibt nur eine Frage: „Wie gehst du mit der Krise um – effektiv oder ineffektiv?"

Wenn jeder Mensch etwa alle zwei bis drei Monate eine Krise hat, bedeutet das, dass du – während du dieses Buch liest –

gerade eine Krise erleidest oder gerade eine Krise überwunden hast oder knapp vor der nächsten Krise stehst. Deine Aufgabe ist also tief durchzuatmen, dich zu beruhigen, das Gute darin zu suchen, die wertvolle Lektion zu finden und dann die nötigen Schritte unternehmen, um die Krise zu mildern oder zu minimieren. Das Gute an der ganzen Sache ist: seelisch-geistig wächst du an jeder Krise, bis du stirbst.

BETRACHTE DAS POSITIVE

Je mehr du an das denkst, was du willst und wohin du willst, desto positiver und optimistischer bleibst du. Optimismus bedeutet ja nicht, die Schwierigkeiten und Probleme zu ignorieren, sondern sie positiv und konstruktiv anzugehen. Helen Keller* (die erste taube und blinde Amerikanerin, die einen Universitätsabschluss in Kunst machte) sagte: „Wenn du dich zur Sonne drehst, liegt der Schatten hinter dir."

Wenn du dein Denken veränderst, gibst du allem, was dich aus irgendeinem Grund unglücklich machen könnte, eine positive Richtung. Schau auf den Silberrand der dunklen Wolken. Wie Emerson** sagte: „Wenn die Nacht am finstersten ist, dann zeigen sich die Sterne."

DAS NULL-DENKEN: ZERO-BASE-THINKING

Viele Leute leiden ununterbrochen an Sorgen und Ängsten. Das haben sie oft von einem Elternteil gelernt, der auch so ein Sorgenmacher war. Glücklicherweise geschehen etwa 99 Prozent der Sachen, wegen derer du dir Sorgen machst, überhaupt nicht, sobald du dich auf das Leben konzentrierst, dass du dir wirklich wünschst. Es sind doch die Sachen, wegen derer du dir nie Sorgen gemacht hattest, die dir das meiste Unglück bringen.

*1880 – 1968, berühmte Autorin und politische Aktivistin
**1803 – 1882, berühmter amerikanischer Schriftsteller und Philosoph

Eine effektive Methode, Sorgen und negative Gefühle verschwinden zu lassen, liegt im Denken von der Null-Linie aus, dem Zero-Base-Thinking. Dabei fragst du dich: „Gibt es irgendetwas in meinem Leben, das ich – *wenn ich gewusst hätte, was ich heute weiß* – gar nicht erst wieder anfangen würde, wenn ich noch einmal bei Null anfangen müsste?“

Es ist verblüffend, wie viel Stress und Unglücklichsein einem eine Situation verursacht, in die man, *wüsste man, was man heute weiß*, gar nicht mehr hineingeraten würde, wenn man heute noch einmal bei Null anfangen müsste.

Es braucht gewaltigen Mut und viel Charakter, wenn du dir eingestehst, dass du einen Fehler gemacht hast, dass du nun deine Meinung geändert hast und nicht wieder in diese Situation geraten würdest, wenn du noch einmal von vorn anfangen müsstest – und zwar aufgrund dessen, was du heute weißt. Es ist allerdings von größter Bedeutung, dass dir bewusst ist, dass du das hin und wieder tun musst – insbesondere in Krisenzeiten.

Viele Leute glauben doch tatsächlich, dass sie eine Idee, der sie sich irgendwann einmal verpflichtet haben, dann auch auf alle Fälle bis zum (bitteren) Ende durchziehen müssten. Emerson meinte: „Dumme Beständigkeit ist der Kobold, der Kleingeister heimsucht.“ Es ist eine Stärke und keine Schwäche, einen Fehler oder eine falsche Entscheidung zuzugeben. Du solltest dir immer das Recht vorbehalten, deine Meinung zu ändern, wenn du über neue Informationen verfügst.

Wenn du für dich geklärt hast, dass du NICHT erneut in diese Situation hinein geraten willst, dann lautet die nächste Frage: „Wie komme ich da raus? Und zweitens: Wie geht das möglichst schnell?“

Es scheint so, dass der Stress einfach von einem abfällt, sobald man sich dazu entschieden hat zu handeln, um ein Problem zu lösen oder aus einer schwierigen Situation herauszufinden. Es ist die Untätigkeit, die aus mangelnder Entschlussbereitschaft entsteht, die in so einer Situation den meisten Stress verursacht.

In dem Augenblick, in dem du dich entscheidest, entschlossen zu handeln und das Problem zu lösen, wird deine neue Ausrichtung klar und du spürst eine ganz große, eine gewaltige Erleichterung.

DENKE POSITIV UND KONSTRUKTIV

Du hast einen erstaunlichen Verstand. Er kann dich glücklich oder traurig machen, je nach dem, wie du ihn gebrauchst. Wie John Milton* in seinem Epos *„Das verlorene Paradies"* schreibt: „Er kann die Hölle in den Himmel und den Himmel in die Hölle verwandeln."

Entscheide dich noch heute dafür, deinen wunderbaren Verstand dafür zu nutzen , auf besonders positive und konstruktive Weise darüber nachzudenken, wer du bist und was du willst und wo du hin willst. Weigere dich von jetzt an, die Dinge in der Welt für dich irgendwie negativ zu *deuten*! Du tust das einfach nicht mehr. Interpretiere nichts mehr so, dass es dich unglücklich, wütend oder frustriert sein lässt. Stattdessen suchst du nach dem Guten und findest in jedem Rückschlag und in jeder Schwierigkeit die wichtigen Lektionen. Betrachte jedes Problem als Herausforderung oder Chance, die dir auf jeden Fall Stück für Stück das beibringt, was du noch lernen musst, um mental und spirituell zu deiner wahren Größe heran zu wachsen. Doch am wichtigsten: Sei so sehr damit beschäftigt, die Ziele zu erreichen, die wichtig für dich sind, so dass du fürs Sorgenmachen gar keine Zeit mehr übrig hast. Konzentriere dich darauf, dein Potenzial für die Erreichung deiner Lebensaufgabe einzusetzen.

SUCHE UND DU WIRST FINDEN

Jeder amerikanische Self-Made-Millionär war im statistischen Durchschnitt schon 2,3 Mal pleite oder fast bankrott, bevor er schließlich vermögend wurde. Aber der Grund dafür, dass man

**1608 – 1674, englischer Dichter und Denker.*

zum Millionär wird, liegt vor allem daran, dass man die Lektionen lernt, die man aus früheren Fehlschlägen zieht. Hätte man als jüngerer Mensch nicht seine Fehler gemacht, hätte man niemals das Wissen und die Weisheit erlangt, die man braucht, um später zum Erfolg zu kommen. Die Pleite war damals vielleicht traumatisch, doch sie enthielt die Saat für den späteren Wohlstand.

Viele Menschen erleben irgendwann im Leben auch eine unangenehme Entwicklung einer Beziehung, oder haben ein schlimmes Eheproblem. Oft endet sowas in Wut, Bitterkeit und negativen Gefühlen. Später dann, wenn man ein gewisses Verständnis und Einsichten erlangt und eine neue Haltung eingenommen hat, trifft genau der gleiche Mensch dann auf einen idealen Partner, wird sesshaft und ist tatsächlich glücklich bis ans Ende seiner Tage.

Im Rückblick betrachten viele glücklich verheiratete Menschen eine frühere, eher unschöne Beziehung als sehr entscheidend, weil sie dadurch eine gute Beziehung erkennen konnten, als sie auftauchte. Sie geben zu, dass sie, wenn sie in der alten Beziehung geblieben wären, viele Monate und Jahre unglücklich geblieben wären. Man muss seine Sorgen und Probleme loslassen, bevor man ein größeres Geschenk erhalten und das nächste, höhere Niveau an Liebe und Erfolg mit einer neuen Beziehung und einem anderen Menschen überhaupt in Empfang nehmen kann.

LEID UND SCHMERZ

Wie bereits gesagt, lernen Menschen also offenbar nur aus *Leid*, oder aus besonders großer Freude. Sie lernen nur aus physischem, emotionalem oder finanziellem Schmerz. Das ist unausweichlich und unvermeidlich so. Leider aber spüren viele Menschen immer nur den Schmerz, ohne jedoch die notwendigen Lehren und Lektionen daraus zu gewinnen, die damit verbunden sind. Und genau deshalb neigen sie dazu, den gleichen Fehler sehr wahrscheinlich erneut zu wiederholen.

Das trifft ganz besonders auf die Weise zu, wie Menschen mit ihrer Gesundheit umgehen. Oft verwenden Menschen nur wenig Zeit und Mühe darauf, sich um sich selbst zu kümmern, bis bei ihnen eine Krankheit diagnostiziert wird oder sie unter chronischen Schmerzen leiden.

Weil der Wandel notwendig und unvermeidlich ist, wenn man irgendeinen Rückschlag erleidet, kann man seine Gefühle diesbezüglich neutralisieren, indem man sagt: „Alles im Leben geschieht aus einem Grund." Oder man kann sagen: „Ich erkenne die Botschaft der „großen Kraft", meinen Schutzengel, in jeder Veränderung."

Betrachte den Wandel als einen Segen, der Ideen, Einsichten und Vorteile enthält, die du für dich nutzen kannst, um dir ein noch besseres Leben in deiner Zukunft zu erschaffen.

WIDERSTAND UND AKZEPTANZ

Widerstand jeglicher Art ist eine Hauptursache für Stress, Negativität und sogar für Depressionen. Das Gegenteil des Widerstandes ist die Akzeptanz. Du solltest *akzeptieren*, dass es in deinem Leben Veränderungen gegeben hat, und dann weiter gehen.

Eine der ganz großen Regeln für den Erfolg im Leben liegt darin, das zu akzeptieren, was geschehen ist und was du nicht mehr ändern kannst. Eine Tatsache als Wirklichkeit zu akzeptieren ist der erste Schritt, um Verantwortung für dich selbst und deine Emotionen zu übernehmen und dann weiterzugehen, auf ein höheres und besseres Ziel zu.

Die Unfähigkeit, mit einer schlimmen Situation fertig zu werden, ist für viele Menschen das Haupthindernis, das sie zurückhält und häufig über viele Jahre hinweg blockiert. Eines der Zeichen von echter menschlicher Reife ist, dass du akzeptierst, dass du nicht perfekt bist, und dass du Fehler gemacht hast. In der Vergangenheit hast du schlechte und falsche Entscheidungen getroffen, die in der Folge zu schlechten Ergebnissen und Konsequenzen geführt haben. Das ist genauso bei jedem anderen Menschen so. Werde erwachsen. Sei ein Teil der menschlichen Rasse. Es ist, wie es ist.

Wenn du das bislang noch nicht begriffen und noch nicht getan hast: Begreife es jetzt! Fange an zu akzeptieren, dass es immer Veränderungen im Leben gibt. Sage dir selbst: Ich liebe mich! Und finde eine Art und Weise, das zu leben, es in der Realität umzusetzen.

KEINE REUE, KEINE SCHULDZUWEISUNG

Ein Psychiater mit 25 Jahren Berufserfahrung sagte einmal zu dem berühmten Journalisten E. B. White, dass er vor einer Therapie diese Worte am häufigsten höre: „Wenn doch nur ..."

Wenn die Menschen die Geschichten ihrer Tragödien, von ihrer langen Zeit des Unglücklichseins erzählen würden, dann begannen sie meistens mit: „Hätte ich doch nur ..." Sie sagten: „Hätte ich das doch nur nicht getan, hätte ich mich anders entschieden, hätte ich doch nur die Stelle nicht angenommen, in diese Aktien investiert oder diese Frau/diesen Mann nicht geheiratet."

Es ist wirklich sehr erstaunlich, wie stark uns Reue und Bedauern über Fehler, die wir in der Vergangenheit gemacht haben, davon abhalten können, unseren Vorteil aus den Chancen der Zukunft zu ziehen.

Einer der ganz großen Schritte nach vorne, um glücklich zu sein, liegt darin, die Worte „Hätte ich doch..." aus deinem Wortschatz zu löschen. Sage sie nie wieder. Akzeptiere, dass passiert ist, was früher passiert ist und was du nicht mehr ändern kannst. Im Rückblick war es vermutlich nicht so toll, aber jetzt ist es jedenfalls vorbei und du bist fertig damit. Es ist jetzt ein Teil deiner Vergangenheit. Es ist eine Tatsache. Die Tatsache lässt sich nicht mehr ändern.

Gemäß der *New York Times* war 2010 der beliebteste Ausdruck in den USA der Spruch: „Es ist, wie es ist." Das sollte auch zu deinem Lebensmotto werden. Akzeptiere die tatsächliche Situation, und dann geh' weiter.

DENKE AN DIE ZUKUNFT – LENKE DEINEN GEIST

Höre endlich damit auf zu denken, dich für etwas Besseres oder auserwählt zu halten, in dem Sinne, dass in deinem Leben keine unerwünschten Veränderungen passieren, weder privat noch bei der Arbeit welche. Wenn Veränderungen auftauchen, dann akzeptierst du deine Verantwortung, konzentrierst dich auf die Zukunft und beschäftigst dich voll aktiv mit der Lösung deiner Probleme und dem Erreichen deiner Ziele.

Der Philosoph und Harvard-Gelehrte William James sagte: „Sei bereit, es zu nehmen wie es ist. Das Akzeptieren dessen, was geschehen ist, das ist der erste Schritt zur Überwindung der Konsequenzen eines Missgeschicks." Sage dir selbst: „Was man nicht ändern kann, muss man überdauern." Denke immer daran, dass du nicht das Opfer bist. Du bist ein stolzer, zuversichtlicher, selbstbewusster Mensch, der allein für sein Leben und seine Zukunft verantwortlich ist. Lehne schlichtweg ab, dich in Selbstmitleid, Bedauern, oder Reue darüber zu suhlen, was geschehen ist oder was sich in deinem Leben verändert hat, und über die du ohnehin keine Kontrolle hast. Ziehe also deine eigenen

Schlussfolgerungen und entscheide dich dafür, das zu akzeptieren, was du nicht ändern kannst. Sage es laut, für dich: „Ich akzeptiere diesen Teil der Wirklichkeit, so wie er jetzt ist!"

GEWINN ODER VERLUST

Die größte Motivation im Leben ist das Streben nach etwas, was man haben will. Die zweite Hauptmotivation ist die Angst vor Verlust. Aus der Psychologie weiß man: Menschen spüren die Angst vor Verlust zweieinhalb Mal intensiver, als wenn sie nach etwas streben, das sie wollen. Sie sind zwar zu einem bestimmten Grad motiviert, einen gewissen Gewinn zu erzielen, sind aber völlig am Boden zerstört, wenn sie einen Verlust erleiden.

Wenn du je eine glückliche Beziehung, einen guten Arbeitsplatz oder eine stabile finanzielle Situation erlebt hast, und all das aus einen bestimmten Grunde verloren hast, dann kannst du dich durchaus tief in Trauer und Reue versunken erleben, oftmals monate- oder sogar jahrelang. Es ist wichtig, sich daran zu erinnern, dass es dir gut ging, bevor du all das hattest, was du jetzt verloren hast, und dass es dir auch zukünftig wieder gut gehen wird, ohne genau dieses so zu haben, wie es war.

Die Lösung liegt darin, dass du die Realität der Situation akzeptierst, wie immer sie jetzt aussieht. Lehne es einfach ab, damit in Widerstand zu gehen oder dagegen zu kämpfen. Höre auf mit dem Selbstmitleid, und sage dir nie mehr so etwas wie „Hätte ich doch..." ...etwas anderes getan, dann wäre all dieses Unglück nie geschehen.

AKZEPTIERE VERLUST ALS „VERLORENE KOSTEN"

Bei der Buchhaltung in einem Unternehmen gibt es eine ganze Reihe verschiedener Ausgaben in der Bilanz, die als unterschiedliche Kosten verbucht werden. Ein Posten lautet

„Verlorene Kosten". Bei verlorenen Kosten handelt es sich um einen Geldbetrag, der ausgegeben wurde und nun für immer verloren ist. Man kann das Geld nicht mehr zurückholen – das gilt beispielsweise für den Erwerb von Ausstattungsgegenständen, die jetzt nicht mehr gebraucht werden, und für die man von niemandem mehr Geld bekommen würde (z. B. bedrucktes Papier, Visitenkarten, Broschüren, etc.).

Überall im Leben gibt es jede Menge verlorene Kosten. Oft investiert man sehr viel Zeit, Geld und Gefühle in Leute, Jobs oder Geldanlagen. Aber unvorhersehbare Rückschläge und Schwierigkeiten können eben auftauchen, und dann zeigt sich vielleicht, dass das alles eine Fehlinvestition war.

Statt dem schlecht investierten Geld jetzt noch weiteres „gutes" Geld hinterherzuwerfen, statt noch mehr Zeit und Gefühle in eine schlechte Beziehung zu investieren oder noch mehr Zeit auf etwas zu verwenden, das offensichtlich keine guten Erfolgschancen haben wird, musst du manchmal akzeptieren, dass all dein bisheriges Engagement einfach „verlorene Kosten" sind und du solltest dich dazu entschließen, es jetzt loszulassen. Das ist jetzt eben verloren. Für immer.

Finde die Charakterstärke, beispielsweise so etwas zu sagen wie: „Ok, ich habe mich geirrt. Ich habe einen Fehler gemacht. Deswegen habe ich meine Meinung jetzt geändert." Du wirst feststellen, dass du unglückliche Ereignisse, die jetzt einfach passiert sind, viel einfacher loslassen kannst. Akzeptiere sie einfach als einen normalen und als natürlichen Teil deines persönlichen Wachstums und deiner Entwicklung.

ÜBUNG

Suche dir ein Problem oder eine Herausforderung aus, mit der du dich gerade konfrontiert siehst. Suche darin nach dem Guten, dass du daraus ziehen kannst, und die wichtige Lektion, die sie enthält. Denke an das schlimmstmögliche Ergebnis, das dabei herauskommen könnte, entschließe dich dazu, es zu akzeptieren, falls das wirklich eintritt, dann entscheide dich dann dafür, alles Mögliche zu unternehmen, dass es eben nicht passiert und dich eben auf etwas zu konzentrieren, was du wirklich passieren lassen willst, was du verwirklichen ***willst****.*

KAPITEL 8 – SPRINGE ZUVERSICHTLICH VORWÄRTS

„Es gibt keinen Misserfolg, es sei denn man versucht es nicht mehr. Es gibt keine Niederlage, außer in einem selbst, keine wirklich unüberwindbare Schranke, außer der Schwäche deiner eigenen inneren Absicht.“
(Orison Swett Marden)*

Ein Teich beginnt mit klarem, kühlem Quellwasser, ideal für Lebewesen, die darin wachsen, schwimmen und gedeihen können. Warum tummeln sich dann aber statt dieser herrlichen, gesunden und glücklichen Geschöpfe die negativen Emotionen der *Frösche* darin?

Ebenso kommt jedes Kind als *reines Potenzial* zur Welt. Es kann ein ganz außergewöhnlicher Mensch werden, wunderbare Sachen machen und extrem gesund, glücklich und vermögend durchs Leben gehen.

Heute leben die Menschen statistisch besser und länger als es jemals zuvor in der Geschichte der Menschheit möglich war. Und es sieht so aus, als wird das von Jahr zu Jahr besser. Warum? Weil unsere Möglichkeiten, Krankheiten medizinisch zu behandeln, jedes Jahr besser werden, unsere Optionen für Wissen und Wachstum sich ständig vermehren und heute praktisch alles im

**1850 – 1924, amerikanischer Mediziner und Autor der 'New Thought'-Bewegung*

Internet erlernt und recherchiert werden kann. Dazu kannst du mit jedem auf der Welt kommunizieren, und zwar jederzeit. Du entscheidest dich, was du tust oder was du arbeitest, und du kannst erlernen, was immer du brauchst, um das dir Bestmögliche zu erreichen. Grundsätzlich sind wir Menschen alle gleich. Du kannst herausfinden, was du am liebsten tust, und dir entsprechend dein Leben drumherum so einrichten, das du immer mehr davon tust.

Kinder werden als perfekte Optimisten geboren, ohne Furcht und Hemmungen, neugierig und begierig, alles um sich herum zu erfühlen, zu riechen und zu schmecken. Hast du jemals ein negatives Baby gesehen?

ZWEI HAUPTVERSCHMUTZER DES TEICHES

Schon früh im Leben fangen Kinder an, aufgrund der Fehler von Eltern, destruktive Kritik und einen *Mangel an Liebe* zu erfahren. Diese beiden Verhaltensweisen, jede für sich oder in Kombination, sind die Hauptursachen des Unglücklichseins und von Verhaltensstörungen im Leben eines Erwachsenen.

Destruktive Kritik ist der Hauptfeind des menschlichen Potenzials, schlimmer noch als Krebs oder eine Herzerkrankung. Diese Erkrankungen führen zwar zum Verfall und letztendlich zum Tod eines Menschen, aber destruktive Kritik tötet die Seele des Menschen und lässt den Körper intakt herumlaufen.

Wenn Eltern versuchen ihre Kinder zu lenken und irgendwo hin zu steuern, indem sie ihnen Liebe schenken und dann wieder entziehen, um sie dazu zu bringen, etwas zu tun oder mit etwas anderem aufzuhören, dann erzeugen sie damit bei ihrem Kind eine grundlegende Unsicherheit, die sich in Gefühlen von Selbstzweifeln, Ängsten, Sorgen, und Minderwertigkeitsgefühlen oder Nichtverdienthabens ausdrücken, in Gefühlen von Demotivation und der Angst, anderer Leute Erwartungen nicht erfüllen zu können, oder dem Hang zu Perfektionismus und ständiger Angst vor Konfrontation und Offenheit.

Gemeinsam kombiniert schwächen *destruktive Kritik* und *mangelnde Liebe* das körperliche und emotionale Immunsystem des Kindes und machen es im späteren Leben verwundbar für jede Form körperlicher und emotionaler Leiden. Körperlich kann es beim Kind und später beim Erwachsenen zu Erschöpfung und Anfälligkeit für Erkältungen, Grippe, Magenschmerzen und anderen psychosomatischen Erkrankungen kommen.

Bei Erwachsenen lassen sich so ernste Erkrankungen wie Krebs oder Herzerkrankungen häufig auf das tiefe Gefühl von Unzulänglichkeit oder Wertlosigkeit zurückführen, die entstanden sind, weil man sich als Kind nicht genug geliebt gefühlt hat.

Schwächen im emotionalen Immunsystem äußern sich in einer Anfälligkeit für die unterschiedlichsten negativen Emotionen, den Hauptursachen von Unglücklichsein, Frust und Depressionen bei Erwachsenen. Wie schon gesagt: Unser programmiertes Unterbewusstsein steuert per Autopilot immer mit den alten Programmen und Gewohnheiten weiter, wenn wir unsere Einstellungen und Verhaltensweisen nicht ersetzen, aktualisieren oder verändern.

Als ich herausfand, dass man die meisten körperlichen Erkrankungen auf ganz alltägliche Dinge im Alltag eines Menschen zurückführen kann, lernte ich, auch schwere stressbedingte Symptome durch einen Waldspaziergang oder etwas entspannte Zeit mit meinen Lieben abzubauen – da verschwanden meine Symptome völlig und lösten sich auf. Ich lernte, dass jeder auf seinen Körper hören und sich seiner Emotionen gewahr werden sollte. Viele Menschen reagieren körperlich extrem sensibel, wenn etwas in ihrem emotionalen Leben aus dem Gleichgewicht geraten ist. Unser Geist und unser Körper sind unentwirrbar miteinander verknüpft. Je mehr man sich seiner physischen Bedürfnisse bewusst wird, desto stärker stimmt man sich auch darauf ein, seine emotionalen Bedürfnisse bewusst zu bemerken.

DIE ANGST VOR TADEL UND VERLUST

Es gibt viele negative Emotionen, aber ganze 99 Prozent davon kristallisieren sich um zwei große Emotionen herum: Angst vor Versagen und Angst vor Ablehnung.

Angst vor Versagen äußert sich im Erwachsenenleben als *Verlustangst*. Menschen, die als Kinder destruktive Kritik erlebt haben, haben Angst, Geld zu verlieren, ihre Gesundheit zu verlieren, ihre Stellung zu verlieren, ihre Sicherheit zu verlieren – und natürlich, die Liebe ihrer Mitmenschen zu verlieren. Ganz gleich, wie sehr sie auch Karriere machen, stets spukt in ihren Köpfen der Gedanke, sie könnten all das wieder verlieren und müssten mit nichts ganz von vorn anfangen.

Denke daran: Du wirst diese Ängste nicht los, indem du sie ignorierst, weil sie ja immer unbewusst weiter laufen. Sprich über sie und überlege dir deine persönliche Strategie, wie du sie überwinden willst. Suche dir einen privaten Coach oder mache bei einer Selbsthilfegruppe mit oder gründe eine solche, stelle aber auf jeden Fall sicher, dass du die versteckten Folgen deiner so geprägten Persönlichkeit in Angriff nimmst. Sage nicht: „Ich mag diesen Frosch nicht", sondern sage stattdessen: „Ich sehe mir meine Frösche genau an und behandle sie als das, was sie sind – wo auch immer sie auftauchen mögen." Im Deutschen gibt es das Sprichwort: „Gefahr erkannt – Gefahr gebannt!" Erkenne die Gefahr an, nimm sie zur Kenntnis, dann wirst du auch fähig, sie aus deinem Leben zu verbannen.

Die Angst vor Ablehnung und Zurückweisung wird als *Angst vor Kritik* erfahren. Diese Angst kann so extrem sein, dass ein Mensch hypersensibel auf jeden Gedanken, jedes Wort, jede Meinung oder jeden Blick seiner Mitmenschen reagiert, selbst bei völlig Fremden. Dazu kommt, dass Menschen sich vor Missbilligung fürchten, eben nicht von anderen bestätigt zu werden, die sie eigentlich gern beeindrucken würden. Angst vor der Ablehnung führt zur Angst, den Respekt derer zu verlieren, bei denen es einem wichtig ist, respektiert zu werden. Solche Menschen fürchten sich vor Blamagen und Peinlichkeiten jeder Art, ganz besonders in Anwesenheit anderer Leute. Diese Angst vor Ablehnung ist die Wurzel der Angst vor öffentlichen Auftritten, die noch vor der Angst vor dem Tod steht, wenn es um die am weitesten verbreiteten Ängsten geht.

In unseren Seminaren stellen wir oft zwei Fragen, damit die Teilnehmer erkennen, welche Rolle die Angst in ihrem Leben spielt.

Frage 1: „Stelle dir vor, du wärst jetzt finanziell unabhängig, du hättest also so viel Geld, dass du für den Rest deines Lebens genug hättest. Was würdest du dann anders machen? Womit würdest du jetzt anfangen, und was würdest du auf jeden Fall sofort beenden? Was würdest du tun – oder nie mehr tun?“

Der Punkt daran ist klar: Natürlich gibt es vieles in deinem Leben, was du sofort ändern würdest, wenn du keine Angst mehr vor Armut hättest. Hättest du alles Geld zur Verfügung, das du willst oder brauchst, würdest du dein Leben wohl drastisch umkrempeln.

DEINE ÄNGSTE BESTIMMEN DEINE ENTSCHEIDUNGEN

Menschen gestalten ihr Leben normalerweise so, dass sie ihre Ängste kompensieren. Sie akzeptieren im Ausgleich für ihre Sicherheit eine schlechtere Stelle als die, die sie ausfüllen könnten. Sie bleiben in einer Beziehung, die sie unglücklich macht, statt das Risiko einzugehen, alleine zu sein. Sie suchen sich passive und gleichgültige Freunde, damit sie niemals kritisiert, blossgestellt oder abgelehnt werden können.

Frage 2: „Welche eine große Sache erträumst du und würdest du wagen zu realisieren, wenn garantiert wäre, dass es dir in jedem Fall gelingt?“

Hättest du eine absolute Erfolgsgarantie für ein Ziel, sei es groß oder klein, kurz- oder langfristig, welches große, aufregende, herausfordernde Ziel würdest du dir setzen?

Diese Frage hilft den Leuten dabei, die Ängste aufzuspüren, die sie zurückhalten. Wenn du für alles, was du unternimmst, die volle Erfolgsgarantie hättest, würdest du dich wohl deinem „Herzensanliegen" verschreiben, dem einen großen Ziel, wegen dem du überhaupt auf die Welt gekommen bist.

Erinnerst du dich an die Übung „Die Lebensaufgabe" (vgl. Kap. 4 und Kap. 7)? Wenn du mit deinem Verstand bewusst tiefer in deiner Seele nachschaust, um im Grund deines Herzens auf den wahren „Herzenswunsch" deines ganzen Lebens zu stoßen, kannst du deine Bewusstheit im Laufe der Jahre immer stärker erweitern und immer größere Ziele finden, die du erreichen kannst und wirst. Dein ganz großes Ziel zu kennen und zu spüren, das über allem anderen steht, kann dein ganzes Leben von Grund auf erhellen und völlig umkrempeln – und dich auf deinen idealen Weg führen.

DER VOLLENTWICKELTE MENSCH

Der Psychologe William Glasser* definiert jemanden, der die höheren Ebenen der eigenen psychologischen Evolution erreicht hat, als *vollentwickelte Persönlichkeit* (fully functioning person oder FFP). Das ist ein Mensch, der ein hohes Niveau an Selbstvertrauen und persönlicher Zufriedenheit erlebt, der völlig im Reinen und im Selbstvertrauen mit sich selbst und der Welt ist. Der am leichtesten identifizierbare Charakterzug einer vollentwickelten Persönlichkeit liegt darin, völlig „nichtdefensiv" zu sein, also nicht von automatischen Widerständen dominiert zu sein.

**geb. 1925, amerikanischer Psychater.*

Die vollentwickelte Persönlichkeit hat (nicht mehr) das Gefühl, sich anderen Leuten gegenüber rechtfertigen oder sich erklären zu **müssen**. Man zieht die Ansichten anderer in Betracht, führt sein Leben aber im Einklang mit den eigenen Gedanken, Gefühlen, Werten und Idealen. Man ist warmherzig, gnädig, glücklich und charmant. So jemand wird als „reife, vollständig integere Persönlichkeit" genannt. So jemand weiß, dass man niemandem etwas beweisen muss. Diesen Grad an persönlicher Stärke und Zufriedenheit zu erreichen, sollte das Ziel jedes Einzelnen sein.

ÜBUNG

Stell dir vor, du wärst in einem Maße reich, erfolgreich, mächtig und populär, das für dich persönlich tatsächlich passend und perfekt wäre. Erzeuge ein klares inneres Bild von dir selbst so, als hättest du alle deine Ziele erreicht und du wärst nun finanziell unabhängig.
Wie würdest du dich fühlen, wenn du schon jetzt die beste Form der vollentwickelten Persönlichkeit wärst, die du dir selbst für dich vorstellen könntest? Wie würdest du andere Leute behandeln, deine Kollegen, Geschäftspartner, Mitarbeiter und Angestellten? Was würdest du von jetzt an anders machen, wenn du diesen inneren Blickwinkel beibehältst und immer aus dieser Perspektive heraus agierst? Wer wärst du dann, und zu wem würdest du aus der Sicht deiner Mitmenschen werden?

Genieße die Wirkung dieser Fragen und lasse die Antworten in dein Bewusstsein kommen.

KAPITEL 9 – GIB DEINEN HÄSSLICHEN FRÖSCHEN DEN ABSCHIEDSKUSS

„Die dem Menschen innewohnende Kraft
ist etwas Neues,
und niemand außer ihm selbst weiß,
was er erreichen kann -
nicht einmal er selbst weiß es, bis er es versucht.“
(Ralph Waldo Emerson)

Über einen besonderen Bereich persönlicher Negativität müssen wir noch reden, wenn es darum geht, was uns davon abhält, das zu sein, wozu wir aber fähig sind, zu werden. Es geht um *Schuldgefühle und um Minderwertigkeitsgefühle*. Diese Gefühle können all deine Hoffnungen und Träume auf Erfolg und Glück sabotieren, wenn du nicht lernst, wie du sie los wirst.

SCHULDGEFÜHLE SIND ERWORBEN

Kinder werden nicht mit Schuldgefühlen geboren. Jedes deiner Schuldgefühle als Erwachsener wurde dir beigebracht, sei es von deinen Eltern, Geschwistern oder anderen, die während deines Aufwachsens dein Leben prägen. Weil du diese

Schuldgefühle erlernt hast, kannst du sie auch wieder *ver-lernen*. Selbst wenn man denkt und glaubt, dass manche Gefühle aus einem anderen Leben stammen, gilt dafür das gleiche Prinzip: Man kann es wieder verlernen. Und das sollte man wirklich tun.

Eltern lassen ihre Kinder häufig Schuld spüren, weil ihnen selbst von ihren Eltern oder Großeltern Schuldgefühle beigebracht wurden, und das geht seit Generationen so. Das ist zu einem Teil unseres „normalen" Umgangs miteinander geworden, so dass Menschen sich oft nicht mehr bewusst sind, dass sie Schuldgefühle benutzen.

Es gibt Kirchen und religiöse Gruppen, die das praktizieren, was wir „negative Religion" nennen könnten. So manche ideologische Richtung, wie etwa Kommunismus und übertriebener Sozialismus, arbeiten systematisch und absichtlich mit Schuldgefühlen, um bestimmte Emotionen zu verursachen und andere zu verringern, was dazu führt, dass man sogar Persönlichkeiten zerstören und Menschen leichter kontrollierbar machen kann – und zwar zum Vorteil des Menschen, der die Schuldgefühle einimpft.

MANIPULATION UND KONTROLLE

Wer absichtlich Schuldgefühle bei Anderen auslösen will, der macht das vor allem aus zwei Gründen: zur Manipulation und zur Kontrolle. Seit Jahrhunderten und Jahrtausenden haben Menschen und Eltern festgestellt, dass man, wenn man jemandem Schuldgefühle einredet, die Emotionen der Menschen sehr einfach kontrollieren kann. Kann man ihre Emotionen kontrollieren, dann kann man sie manipulieren, so dass sie etwas tun oder lassen, so wie man es selbst will. Deswegen sind Schuldgefühle in der Wirkung oft „böse" und schlechte Emotionen, die man besonders da eingesetzt findet, wo man Menschen innerlich klein halten will. So versucht man, ihren Widerstand gegen eine Lenkung von außen zu schwächen.

Kinder werden anfällig für Schuldgefühle, wenn sie destruktive Kritik und mangelnde Liebe erleben. Hören Kinder dann zusätzlich noch, sie seien „nicht gut“ oder „dumm“ oder „enttäuschten ihre Eltern“ oder „könnten nichts“, dann entwickeln sich bei ihnen schon recht bald Minderwertigkeitsgefühle.

SCHLIMMER ODER BESSER

Werden Kinder in der Kindheit ständig kritisiert, fangen sie bald an, sich *selbst* zu kritisieren. Diese Selbstkritik äußert sich, indem der Vergleich zu anderen meist negativ ausfällt. Alle um einen herum scheinen besser zu sein, sei es im Sport, in der schulischen, beruflichen oder akademischen Ausbildung, oder auch bei ganz normalen sozialen und gesellschaftlichen Aktivitäten. Weil sie Minderwertigkeitsgefühle haben, nehmen sie naturgemäß an, dass jemand, der in einem bestimmten Bereich besser ist als sie, so jemand auch ganz allgemein ein besserer Mensch sei.

Wenn jemand sich selbst mit anderen vergleicht und sich schlechter sieht, schlussfolgert der mit Schuldgefühlen beladene Mensch: „Wenn es jemand besser kann als ich, dann ist dieser Mensch *mehr wert* als ich. Wenn jemand wertvoller ist, dann muss ich wohl selbst *wert-loser* sein.“

Aus diesem Grund führen große, starke Schuldgefühle immer auch schnell zu Gefühlen der *Wertlosigkeit*. Man fühlt sich dann irgendwie wertlos, ungenügend, klein und bedeutungslos, man wird deshalb unsicher, pessimistisch, wütend und unzufrieden. Unter den Gefängnisinsassen, so weiß man heute, sind die schlimmsten Kriminellen, die mit den längsten Haftstrafen, beispielsweise meistens auch diejenigen mit dem *NULL* Gespür für Verantwortungsbewusstsein und Selbstwertgefühl. Viele von ihnen erinnern sich nur zu gut und sehr genau daran, dass ihnen Vater oder Mutter immer wieder gesagt hatte: „Du taugst nichts! Pass auf, sonst landest du noch irgendwann im Gefängnis.“

DAS GEFÜHL, OPFER ZU SEIN

Schuldgefühle führen sehr schnell dazu, dass sich jemand als *Opfer* betrachtet – ein Opfer des Lebens, der Umstände, des Schicksals, der Gesellschaft und unzähliger weiterer Faktoren. Dieses Gefühl drückt sich in den Worten aus: „Ich bin nicht gut genug." so ein Mensch vergleicht sich ständig mit anderen und meint: *„Ich bin nicht klug genug", „Ich habe einfach nicht genug Talent", „Ich kann ja gar nichts", „Ich bin überhaupt nicht gut"* oder *„Ich kann nicht, ich nicht, ich kann es einfach nicht!"*

In sehr vielen Einzelcoachings haben wir immer wieder festgestellt, dass Schuld- und Minderwertigkeitsgefühle unbewusst wirken und sehr negative Folgen haben. Dieser Zusammenhang taucht meistens erst dann auf, wenn wir ganz genau hinsehen und zulassen, dass das hochkommt, weil wir ein Problem lösen wollen. Wir werden später noch genauer erklären, wie das geht. Zuerst wollen wir klären, wie man die Auslöser der negativen Wirkungen von unbewussten Schuldgefühlen vermeiden kann.

Mache folgende Übung: Ein Schuldgefühl führt oft zu dem Gefühl, du müsstest dich zuerst um die Bedürfnisse oder Gefühle eines anderen kümmern, bevor du dich um dich selbst kümmerst, und manche Leute kümmern sich dann überhaupt nicht mehr um sich selbst. So ein Mensch sucht dann zuerst eine Erlaubnis oder eine Zustimmung, bevor man eine Entscheidung trifft. Deine Aufgabe ist nun, dir eine Situation vorzustellen, die typischerweise geeignet wäre, Schuldgefühle in dir wachzurufen oder sie dir einzureden. Aber von jetzt an setzt du schon im Voraus deine Grenzen dafür.

Ein Beispiel: Ein Ehepaar bekommt immer wieder Streit, weil er sie gerne für einen gesellschaftlichen Anlass mit verpflichtet hatte, was ihr aber überhaupt nicht passte. In der Vergangenheit machte sie halt mit, aber innerlich oft nur widerstrebend. Sie hatte allerdings Schuldgefühle, dass sie nur an sich dächte, und änderte nichts daran. Jetzt aber setzt sie schon im Voraus klare Grenzen. Er muss sie im Vorfeld fragen, wenn solch ein Termin ansteht; sie entscheidet dann, ob sie mitkommt oder nicht. Auf diese Weise respektieren sie beide den Raum des jeweils anderen.

So kommt es künftig überhaupt nicht mehr dazu, dass einer das Verhalten eines anderen Menschen durch Schuldgefühle manipulieren könnte.

REDE KEINE OPFERSPRACHE

Entwickelt ein Mensch erst einmal Schuldgefühle, Gefühle der Wertlosigkeit und Minderwertigkeit, dann bekräftigt er diese Gefühle durch den Gebrauch von Opfersprache. Volle 95 Prozent der Art und Weise, wie man über sich selbst denkt und fühlt, ist von der Art und Weise bestimmt, wie man über sich selbst innerlich spricht, also vom eigenen „inneren Dialog", der im Laufe des Tages immer auf Autopilot funktioniert – solange wir nicht selbst lenken. Der innere Dialog von schuldgetriebenen Menschen, die sich selbst als Opfer sehen, ist voll von Jammern und Beschwerden, von Nörgeln, Kritik und Schuldzuweisungen an andere.

Bei der Arbeit und in Beziehungen sagt man dann: „Ich versuche es" oder „ich tue mein Bestes" – aber das ist nur eine Entschuldigung für ein mögliches Scheitern, und deshalb sagt man das bereits im *Vorfeld*. Immer wenn irgendjemand sowas sagt, dann kannst du davon ausgehen, dass sie versagen und dich enttäuschen werden, und zwar in 95 Prozent aller Fälle. Der berühmte Jedi-Meister „Yoda" sagte es seinem Schüler in der weltbekannten „Star Wars" Saga treffend einfach: *„Tue!* Oder tue nicht. Es gibt kein *Versuchen*."

In unseren Seminaren verwenden wir folgende Metapher: Verpflichtest du dich, Dinge mit hundertprozentigem Engagement zu erledigen, ganz gleich, was geschieht, dann erledigst du die Dinge mit der absoluten Entschlossenheit und Präsenz des

Kriegers, der in den Kampf zieht, wo es um Leben oder Tod geht. Mit dieser Einstellung erzielst du die Ergebnisse, für die du dich einsetzt. Willst du dich nicht 100 Prozent engagieren, dann kannst du es auch sein lassen. Die Magie der eigenen Entschlossenheit produziert schon von dem Zeitpunkt an Ergebnisse, an dem du dich wirklich verpflichtest. Menschen spüren dieses nämlich instinktiv und gehen entweder zur Seite, um dir den Weg freizumachen oder sie unterstützen dich, weil sie deine echte Entschlossenheit so deutlich und vollkommen spüren. Du kannst die Magie dieser besonderen Kraft, die dann frei wird, aber nur dann vollkommen erleben, wenn du dich vollkommen einsetzt. Denke also jenseits des Opferbewusstseins wie ein erfahrener Krieger: Ziehe niemals unnötig in einen Kampf. „Tue, oder tue nicht! Kein *Versuchen*!" Wenn du aber in den „Kampf" gehst, was auch eine ruhig geführte Debatte, eine konstruktive Auseinandersetzung sein kann, dann gehe 100-prozentig bewusst hinein – und du kannst alles erreichen, was zu erreichen dir möglich ist, weil du dann auch dein gesamtes Potenzial einsetzt.

Kritisieren und sich beschweren, Jammern und Nörgeln, sind auch eine Art der Opfersprache. Wenn du kritisierst oder dich beschwerst, stellst du dich selbst als Opfer derer hin, die du kritisierst oder über die du dich überhaupt erst beschwerst.

Menschen, die sich als Opfer fühlen, haben außerdem immer eine *Ausrede*. Sie finden immer neue Rechtfertigungen und Erklärungen, warum sie es nicht einmal ausprobieren, warum sie sich keine Ziele setzen, warum sie nicht pünktlich sind, warum sie ihrer Verantwortung nicht gerecht werden wollen oder nicht die Aufgaben tun oder erfüllen, wofür sie bezahlt werden. Sie finden immer einen Grund oder eine Ausrede. Sie betrachten sich immer irgendwie als Opfer. Und sie sind niemals an irgendetwas Schuld.

Dass sie sich selbst damit natürlich systematisch entmachten, ist den meisten Menschen bei sowas tatsächlich gar nicht richtig bewusst. Aber – man kann ihnen ja dieses Buch schenken, damit sie diesen Abschnitt hier lesen und dann lernen, wie man wieder seine natürliche Kraft und Steuerbarkeit zurück gewinnt die wir Menschen haben, wenn wir uns nicht (mehr) als Opfer fühlen.

BEFREIE DICH VON SCHULDGEFÜHLEN

In vier Schritten kann man sich von Schuldgefühlen befreien, die einem bereits in jungen Jahren einprogrammiert wurden.

Schritt 1: Von jetzt an *kritisiere dich nie mehr für irgendetwas*. Du sagst einfach nichts mehr über dich selbst, was du nicht wahrhaft wahr werden lassen möchtest. Denke stets daran, dass die wirkmächtigsten Worte in deinem Wortschatz die sind, die du dir selbst sagst und an die du irgendwie (auch unbewusst) glaubst. Stelle sicher, dass deine Worte immer positiv und ermunternd sind.

Die besten Worte, die du dir immer wieder vorsagen kannst, sind Worte mit denen du dich dahin lenken kannst, wo du sein willst: „Ich mag mich!", „Ich schaffe das!" und „Ich bin verantwortlich!" Es ist kaum möglich, diese Affirmationen absichtlich und ernsthaft zu wiederholen und sich gleichzeitig negativ oder schuldig zu fühlen.

Schritt 2: *Weigere dich, irgendjemanden für irgendetwas zu kritisieren*, das er/sie sagt oder tut. Streiche destruktive Kritik komplett aus deinem Wortschatz. Sei die Art Mensch, von der man nie je ein böses Wort oder entmutigende Kommentare hört.

Mache es dir zur Gewohnheit, stets das Positive in anderen Menschen zu suchen und äußere das auch. Immer wenn du, mit gutem Grund irgendetwas Nettes zu anderen Menschen sagst, dann erhebt das deren Selbstwertgefühl. Wenn du das Selbstwertgefühl eines anderen Menschen förderst und steigerst, dann wächst auch dein eigenes Selbstwertgefühl in dem gleichen Maß.

Schritt 3: *Höre auf*, aus welchem Grund auch immer, *anderen Schuldgefühle einzureden.* Streiche den Gebrauch von Schuldgefühlen in diesem Sinne aus deinem Wortschatz, insbesondere in deiner Familie und bei deinen Freunden. Versuche nie, anderen wegen etwas, was sie getan oder gelassen haben, Schuldgefühle einzureden.

Das größte Geschenk, das du anderen machen kannst, ist das der bedingungslosen Liebe und Akzeptanz. Das bedeutet, dass du sie niemals wegen irgendetwas kritisierst, was sie getan oder unterlassen haben. Du lobst, du ermunterst und bekräftigst, oder du bleibst zumindest still – du schweigst.

Schritt 4: *Hör auf dich durch Schuldgefühle manipulieren zu lassen, die andere dir einreden wollen.* Von jetzt an verwahrst du dich vor jedem Versuch, dir aus irgendeinem Grund Schuldgefühle einreden zu lassen.

Wenn dein Vater oder deine Mutter oder irgendjemand sonst dir Schuldgefühle einreden wollen, antwortest du einfach: „Wollt ihr mir gerade Schuldgefühle einreden?" Dann schweigst du. Sage nichts (!) sonst, füge kein weiteres Wort hinzu, bis sie antworten oder Ruhe in dieser Sache geben. Reagiere nicht auf das, was sie gesagt haben, sondern schweige darüber und tue nichts weiter. Stattdessen kannst du dich auf etwas konzentrieren, das dir wirklich Spaß macht. Nimm dir zum Beispiel dieses Buch noch einmal und lese diese Seiten hier noch einmal durch. Sei entschlossen, dass du etwas für deine Ziele tust und nicht aus irgend einem Schuldgefühl heraus, das von jemand anderem ausgelöst wurde.

Niemand gibt sofort und offen zu, dass er jemandem durch Schuldgefühle zu etwas treiben will. Die Antwort lautet demnach immer: „Natürlich nicht!"

Fragst du: „Willst du, dass ich mich schuldig fühle?" und der andere antwortet: „Ja, das will ich", dann antwortest du direkt: „Nun: Das klappt nicht."

Es ist wirklich erstaunlich, was passiert, wenn du denen, die gewohnt sind, dich mit Schuldgefühlen zu steuern, sagst, dass es nicht mehr klappen wird. Zuerst sind sie vielleicht wütend oder verwirrt. Merken sie aber erst, dass die Schuldzuweisungen bei dir nicht mehr wirken, ändern sie ihr Verhalten und beginnen, auf positivere Weise mit dir zu interagieren. Probiere es aus und erlebe es selbst.

Eines deiner vordringlichen Ziele im Leben sollte es sein, negative Emotionen jeder Art zu eliminieren. Auf den Sinn und Zweck der Emotionen gehen wir anschließend noch ein. Am leichtesten baut man sich positive Emotionen auf, indem man sich selbst immer wieder sagt: „Ich mag mich!" „und „Ich bin verantwortlich!"

Je mehr du lernst dich selbst zu mögen, ja – dich zu lieben, desto mehr Verantwortung wirst du übernehmen. Je mehr Verantwortung du übernimmst, desto mehr wirst du dich selbst mögen und schätzen lernen. Diese Einstellungen bekräftigen sich jeweils gegenseitig und verstärken sich.

ÜBUNG

Denke an irgendeinen Menschen, der dich durch Schuldgefühle manipuliert, und entscheide dich jetzt schon, dieses Muster beim nächsten Mal zu durchbrechen. Das kannst du tun, indem du schon im Voraus jetzt gewisse Grenzen festlegst. Respektiert zum Beispiel jemand bei einem beruflichen Meeting nicht deine Redezeit, und hat die Tendenz die zugewiesene Redezeit einfach zu überschreiten, aufbauend darauf, dass du ihn aus Schuldgefühlen heraus nicht unterbrechen wirst, dann erinnerst du ihn daran: Du kündigst eine Vorwarnzeit an, z. B. 15 Minuten bevor dein Zeitlimit überschritten wird, also die Grenze die du ziehst. Sage so jemandem, du hättest in 15 Minuten noch einen anderen Termin oder eine andere wichtige Sache. Dann halte an diesem Limit fest!

Hast du das Syndrom der Schuldzuweisung mit einem Menschen durchbrochen, wirst du genug Selbstvertrauen spüren, um es auf alle Menschen in deinem Leben anzuwenden.

Es ist nur allzu menschlich, die Grenzen einer Situation oder Beziehung auszuloten und dann zu versuchen, sie zu erweitern. Die beste Methode, stark zu bleiben und sich vor den hässlichen Fröschen der Schuldgefühlsmacher zu schützen, liegt darin, von Anfang an klare Grenzen für dich selbst zu ziehen. Formuliere für dich: Was ist dir in deinen Interaktionen mit anderen Menschen emotional wie auch körperlich angenehm? Wenn du klare Grenzen festlegst, werden andere Menschen diese durchaus auch testen, aber letztendlich werden sie die Grenzen akzeptieren, die du festsetzt. Sind deine Grenzen undeutlich definiert, werden Menschen sie ständig übertreten und die Grenzen verschieben wollen, um so viel aus dir heraus zu holen oder von dir zu bekommen, wie sie nur können. Klarheit ist absolut wesentlich.

ÜBUNG

Kannst du jemanden, der dir Schuldgefühle macht, nicht direkt konfrontieren, dann setze dich vor einen leeren Stuhl und stelle dir vor, dass dieser Mensch jetzt auf diesem Stuhl säße. Sage ihm, wie es dir geht und dass du nicht mehr zulässt, dich von diesen Schuldgefühlen leiten zu lassen. Sage diesem Menschen, er müsse nun selbst die Verantwortung für sein Leben, für seine Gefühle und Erfahrungen übernehmen. Von nun an kümmerst du dich um dich selbst und tust, was dich glücklich macht. Wenn es dir hilft, stellst du ein Foto dieses Menschen auf den Stuhl. Wenn es dir unangenehm ist, mit einem Stuhl zu reden, dann kannst du dieses Gespräch auch mit jemandem üben, bei dem dir wohler ist.
Es mag dir helfen, dir direkt vorher selbst zu sagen: „Ich bin verantwortlich!“ und „Ich mag mich!“, bis du dich freier fühlst und du deinen Verstand und deine Bewusstheit auf das Niveau

von Selbstrespekt angehoben hast, das du haben und für dich zur Geltung bringen solltest.

SCHULDGEFÜHLE ANERKENNEN UND DURCH BEWUSSTHEIT ERSETZEN

Vor vielen Jahren stellte Raho fest, dass die Schuldgefühle viele Menschen im Griff hatten, insbesondere in seiner Heimat Deutschland. Schließlich fand er die Lösung in einem Prozess, der hilft, die Bewusstheit für die menschlichen Emotionen zu vergrößert. Er hat vielen Klienten geholfen, und jetzt kannst du das Verfahren auch nutzen.

Ist dir eigentlich klar, warum die Natur dieses Gefühl geschaffen hat? Das hat seinen Sinn. Haben wir etwas getan, was für andere schlimm war, dann bringt uns das Schuldgefühl dazu, genau hinzusehen und unser künftiges Verhalten zu verändern. Somit verringert sich die Gefahr, dass wir anderen Wesen etwas Schlimmes antun, ohne uns dessen bewusst zu sein. Die Natur lässt den Menschen als Individuum und die Menschheit als Rasse wachsen. Wenn wir uns nun unabsichtlich verletzen oder gar töten, ohne uns irgendwelcher Folgen unserer Taten bewusst zu sein, hätten wir uns vielleicht schon längst alle gegenseitig umgebracht. Das Überleben unserer gesamten Art wäre gefährdet.

Also akzeptiere die Funktion. Im Grunde braucht man sich grundsätzlich nur wirklich bewusst zu machen, was man getan oder bewirkt hat. Ein aktuell entstehendes Schuldgefühl hält so lange an, bis du bereit bist, deinen Beitrag zu der Erschaffung der Situation zu erkennen und anzuerkennen, was für das Entstehen eines Schuldgefühls in dir ursächlich ist.

Sobald du deine Verantwortung für einen Umstand akzeptierst, den du (mit-)verursacht hast, versetzt du dich selbst in die Lage anderer Menschen und entscheidest erst dann, was du tun solltest. Du kannst herausfinden, dass du – falls das möglich ist –

dem anderen seinen Schaden ersetzt oder den Verlust wieder gutmachst. Du musst vielleicht etwas tun, das heilt, und manchmal genügt dazu ein einfaches: „Es tut mir leid." Manchmal müssen wir nur geradestehen und unseren Beitrag zu einem Ereignis eingestehen, das anderen etwas angetan hat, was wir niemals gewollt hätten, wenn wir die Folgen vorher hätten erkennen oder einschätzen können.

Manchmal dauern Schuldgefühle aber Stunden, Tage, Wochen oder sogar Jahre lang an. Manche Leute tun sich so etwas selbst an, manchmal aber ist es aber auch ein anderer Mensch, der durch deine Tat oder deinen Beitrag an einem Ereignis einen Schaden erlebt hat. So ein Mensch oder so ein Ereignis lässt einen dann nicht vom Haken und erinnert stets daran: Hier gilt es etwas zu erkennen, zu bemerken, vielleicht auch zu würdigen oder öffentlich anzuerkennen.

Die Absicht natürlicher Schuldgefühle ist, dass du lernst. Wenn du nicht lernst, kann jemand anderer das nutzen, um für sich selbst etwas herauszuholen. Die Schuldgefühle sollen von Natur aus dafür sorgen, dass dir etwas bewusst wird; handelst du nicht entsprechend, oder schaust du nicht einmal mit aller Klarheit hin, dann kann man unendlich lange Zeit an ihren Folgen leiden.

Leidest du auch heute noch an Schuldgefühlen für etwas, was vor langer Zeit geschehen ist, dann bekommst du nun den Schlüssel, wie du es heute noch klären kannst.

Der Schlüssel liegt darin, dass du die Ursache für dein Schuldgefühl herausfindest, das dich immer noch im Griff hat. Schau genau hin, damit du die gesamte Lektion erfasst, die du aus dem ursprünglichen Ereignis oder den Ereignissen ziehen kannst. Du solltest dir wirklich die gesamte Lektion genau anschauen, die das Leben dir damit bringen wollte, oder du wirst das Gefühl nicht vollständig los.

Du tust das, indem du dich fragst: Was muss ich wirklich lernen und verstehen? Was noch? Und was sonst noch? Und was außerdem noch? Das machst du solange, bis dir nichts mehr einfällt, was du daraus lernen könntest und solltest. Kommst du nicht weiter, dann kannst du jemanden fragen, dem du vertraust und der dich liebt, oder du nimmst die Hilfe eines professionellen Beraters in Anspruch. Indem du das tust, erhebst du dein Niveau an Bewusstsein für dich und deine Wirkung in dieser Welt mit Sicherheit. Das zeigt auch den Grad an Verantwortung, den du zu akzeptieren bereit bist – und das bringt dir die große Chance, alle alten Schuldgefühle loszulassen. Je mehr Bewusstheit du gewinnst und je besser du verstehst, welche Konsequenzen du aufgrund deiner Einsicht ziehen solltest, desto weniger Schuld wirst du empfinden.

Doch du kannst sogar noch einen Schritt weiter gehen. Du kannst jedes Schuldgefühl absichtlich durch Achtsamkeit ersetzen. Du substituierst deine Schuldgefühle indem du dein Bewusstsein gezielt auf dieses Niveau an Bewusstheit erhebst, mit der du in ähnlich gelagerten, zukünftigen Fällen achtsam sein wirst. Versprich es dir selbst, von heute an und in alle Zukunft, in dem Bereich wo du etwas getan hast, was dir Schuldgefühle gemacht hat, absolut achtsam und bewusst zu sein. Und indem du das tust, ersetzt du die Notwendigkeit für Schuldgefühle. Du ersetzt Schuldgefühle aktiv durch Bewusstheit. Beginne damit gleich jetzt.

ÜBUNG

Betrachte dein Leben und wähle dir etwas aus, wegen dessen du Schuldgefühle empfindest und wobei du bereit bist, es anzupacken und daran zu arbeiten. Fange damit, dir selbst zu sagen: „Ich bin verantwortlich!“ und „Ich mag mich!“

Betrachte als erstes deine Erinnerungen an das verursachende Ereignis und halte deine Bewusstheit offen für alle anderen Aspekte, an denen du beteiligt warst. Du kannst die Aspekte nicht heilen, an denen du keinen Anteil hattest. Aber du kannst den Anteil, der gänzlich von dir verursacht wurde, betrachten. Wenn du das alleine nicht schaffst, finde einen Therapeuten oder einen professionellen Coach, der dir dabei hilft. Dann erkundest du, welche Tatsachen die Schuldgefühle wegen deiner Taten erzeugen. Was hast du getan, und wofür war jemand anders verantwortlich? Es nutzt gar nichts, einen Teil deiner Verantwortung auszublenden, der tatsächlich bei dir lag. Du solltest dir deinen Anteil, und sei er noch so gering, ganz und gar annehmen und dir bewusst machen. Nimm deinen Beitrag in Besitz und hole ihn in dein Bewusstsein, und dann schreibe auf, wenn du magst, was du daraus gelernt hast. Du nimmst die Lektion also an. Danach sagst du: „Ich ersetze nun meine Schuldgefühle durch meine Achtsamkeit, durch echte Bewusstheit!"

Sehr wahrscheinlich wirst du merken, wie sehr dich das erleichtert, denn es kann alte Sorgen und schlechte Gefühle vollkommen freisetzen. Dazu tauchen diese zwar heute wieder in deinem Bewusstsein auf, und dazu brauchst du einige Kraft und vielleicht auch Beratung und Begleitung. Dieser Prozess vermag allerdings ein kaum fassbares Gefühl von Freiheit und Seelenruhe zu erzeugen! Führe ihn aber verantwortlich durch und stelle sicher, dass du dich jederzeit wirklich sehr gut um dich selbst kümmerst, wenn es um die wirklich haarigen Fragen deines Lebens geht. Wenn du dir nicht wirklich völlig sicher bist, dass du den Prozess alleine meistern kannst, solltest du einen Freund oder Partner heranziehen, dem du völlig vertraust. Wenn du dir nicht sicher bist, ob du das schaffst, dann warte ab, bis du dir sicher bist, mit oder ohne die Hilfe eines professionellen Beraters oder Therapeuten an diese Aufgabe heran zu gehen.

In dem Augenblick, in dem du die Verantwortung übernimmst, hörst du mit dem unbewussten Abstreiten der Wirklichkeit auf. Nur wenn wir die Wirklichkeit so akzeptieren, wie sie ist, und ihr klar in die Augen sehen, können wir zu reifen und mächtigen Menschen werden.

Entschließe dich, dass du jedes Schuldgefühl entschlossen betrachtest, um die Lektion zu erfahren, die das Leben dir erteilen will. Verpflichte dich selbst dazu, so unbelastet von Schuldgefühlen wie nur irgend möglich zu handeln, damit du der Menschheit so gut wie möglich dienen kannst. Es nutzt allen, wenn mehr verantwortungsbewusste, liebevolle und mächtige Wesen auf der Erde leben als Menschen, die von Schuldgefühlen geplagt werden und die sich selbst daran hindern, ihr Potenzial zu verwirklichen und zu tun, wofür sie da sind.

Indem du selbst diesen Schritt machst, kannst du tatsächlich einen Quantensprung in deiner Entwicklung zu einem glücklichen und freien Menschen machen, der seine wahre Lebensaufgabe erkennt und verwirklicht. Du erblühst als ganzer Mensch, als voll entwickelte Persönlichkeit und wirst riesige Teile deines Potenzials aus dir selbst heraus verwirklichen.

Mit den Übungen dieses Kapitels, mit denen du alle deine Schuldgefühle durch respektvolle Bewusstheit (Achtsamkeit) ersetzen kannst, setzt du so viel blockierte Energie und Motivation frei, dass du mehr erreichst, als vorher real für dich vorstellbar und möglich war. Du kannst dich von bislang unaufgelösten Schuldgefühlen frei machen – und wirst nie mehr durch Versuche, dich durch Schuldgefühle zu manipulieren, in eine Falle laufen.

KAPITEL 10 – ERWARTE DAS BESTE VON DEINEM FROSCH

„Wenn du deine Erwartungen im Kopf mit hellen freundlichen Farben malst, dann lenkst du dich zu der Position, die zu deinem Ziel führt.“
(Norman Vincent Peale)

Der Hauptgrund, warum Menschen heutzutage unglücklich sind, liegt darin, dass sie nach wie vor wütend über etwas sind, was ihnen jemand in der Vergangenheit angetan hat, oder was jemand unterlassen hat, zu tun, und weil sie dem anderen für dessen Fehler oder das Leid, das er ihnen zugefügt hat, immer noch nicht vergeben haben.

DIE ENTWICKLUNG DER PERSÖNLICHKEIT

Solange du ein Kind bist, regeln deine Eltern alles für dich. Sie füttern dich, baden dich, ziehen dich an, bringen dich zur Schule, holen dich wieder ab und passen auf dich auf. Viele Kleinkinder haben das Gefühl, als wären sie in den Armen eines allwissenden, allmächtigen und weisen Beschützers. Daraus schließen sie, dass sie in einem rationalen, logischen und geordneten Universum leben, in dem allwissende Eltern alles im Griff haben, sie beschützen und die für sie besten Entscheidungen treffen.

Nach dem Entwicklungspsychologen Jean Piaget*, dem Kinderexperten, der *„Der Aufbau der Wirklichkeit beim Kinde"* schrieb, reifen Kinder und entwickeln sich durch immer komplexere Ebenen des Begreifens und Verstehens der menschlichen Interaktionen. Im vierten Stadium dieses Entwicklungsprozesses, noch ganz früh in ihrem Leben, erwarten Kinder, dass *alles fair und gerecht* zugeht. Wenn sie aus irgendeinem Grund etwas erleben, was sie in ihrer Welt für „ungerecht" halten, sind sie wütend oder enttäuscht. Sie erklären dann ganz aufgeregt: „Das ist nicht fair!"

Viele negative Emotionen werden durch solche „enttäuschten Erwartungen" ausgelöst. Das bedeutet, dass jemand erwartet hat, dass sich die Dinge in einer bestimmten Richtung entwickeln und dann feststellt, dass alles *ganz anders* kam. In Folge davon wird dieser Mensch wütend und frustriert. Der Mensch schlägt um sich und verlangt, dass seine Erwartungen erfüllt werden. Ändert die Situation sich nicht nach seinen Vorstellungen, wird er noch wütender und frustrierter: „Das ist nicht fair!"

Wenn wir an einem bestimmten Ergebnis einer Situation festhalten, ist das eine Erwartung. Wir glauben, indem wir uns bereits im Vornherein auf ein bestimmtes Ergebnis festlegen, dass wir eine Art von Kontrolle haben und die Fähigkeit, die Zukunft

**1896 – 1980, schweizer Entwicklungspsychologe und Epistemologe.*

planen zu können, die aber zumindest teilweise immer auch unvorhersehbar ist. Die beste Regel dafür lautet: Du solltest genau wissen, was du willst, aber flexibel sein, auf welche Art die Umsetzung erfolgt. Bemühe dich, nicht zu erwarten, dass alles *ganz genauso* wird, wie du willst. Dann bist du auch nicht enttäuscht, wenn es – wie das gewöhnlich der Fall ist – zu unerwarteten Ergebnissen kommt.

LEBE UND LERNE

Wenn Kinder aufwachsen und heranreifen, erfahren sie, dass das Leben nicht schwarzweiß ist, sondern sehr viele Grauzonen dazwischen hat. Manchmal klappt alles und manchmal nicht. Kinder erleben ein ständiges auf und ab, weil ihre Eltern manchmal die richtige Entscheidung treffen, und manchmal eben auch nicht.

Viele Kinder *fixieren* sich jedoch auf einer bestimmte Ebene ihrer emotionalen Entwicklung, und erwarten – und verlangen – dann vom Leben, dass es fair, gerecht, in sich beständig und vorhersagbar bleibt. Einmal darauf fixiert, werden sie manchmal zu Erwachsenen, die darauf beharren, dass das Leben beständig und vorhersagbar sein müsse. Ist es dann aber nicht so, werden sie wütend, frustriert und oft sogar depressiv.

Einer der wichtigsten Eigenschaften, die Menschen entwickeln sollten, ist daher eine gewisse Frustrationstoleranz zu haben. Eltern sollten die Geduld haben und abwarten, bis ihre Kinder selbst herausfinden, wie etwas geht. Eilen Eltern zu schnell zur Hilfe, haben die Kinder keine Chance, mit ihrer Frustration klarzukommen und ihren eigenen Verstand zu gebrauchen, um das Problem zu lösen. Diese Kinder fixieren sich sonst und lernen nie, die Frustration ausreichend zu tolerieren, um ihre Probleme selbst zu lösen. Sonst werden sie ängstlich oder wütend, wenn es nicht läuft wie geplant.

Aber Tatsache ist: Menschen sind *nicht perfekt*. Du bist nicht perfekt. Ich bin nicht perfekt. Wir alle sind nicht perfekt. Jeder Mensch und jede Organisation, die aus Menschen besteht, ist nicht perfekt. Wir machen alle Fehler. Wir alle machen schlimme, sinnlose, dumme, verrückte und grausame Sachen. So ist die Welt eben, und so war sie schon lange – zumindest bisher. Etwas anderes zu erwarten bedeutet, ständig enttäuscht und voller Zweifel zu sein. Selbst wenn du dich persönlich weiterentwickelst und wirklich ein Leben voller Liebe und Weisheit förderst und vorlebst, machst du vermutlich dein ganzes Leben lang immer noch Fehler. Das ist nur menschlich.

Viele Leute haben, während sie erwachsen werden, die Vorstellung, die Welt sollte sich in einer bestimmten Art und Weise entwickeln. Ist das nicht der Fall, dann passen sie sich den Gegebenheiten nicht an, sondern werden wütend und frustriert, und sie wollen der Welt dann entweder ihren Willen aufzwingen oder andere Menschen dazu bringen, sich in Einklang und Harmonie mit ihren Erwartungen zu verhalten.

DIE WELT, IN DER WIR LEBEN

Die Vorstellung, die Welt müsse fair und gerecht sein, obwohl sich die Definitionen für fair und gerecht ständig verändern und nie eindeutig sind, führt zu negativen Emotionen, die sich in persönlicher, politischer und sozialer Unzufriedenheit entladen. Viele Menschen sind ununterbrochen unzufrieden, weil das Leben unfair zu ihnen ist und irgendjemand ist ja Schuld daran. Das führt zur Ausbildung zweier weiterer sehr negativer Emotionen, nämlich *Neid und Verbitterung*, die sich immer auf jemanden richten, dem man die Schuld an irgendetwas gibt.

Auch wenn Neid und Verbitterung sich gegen andere richten, entstammen sie tatsächlich tiefsitzenden Gefühlen von Unzulänglichkeit und Minderwertigkeit des Menschen, der sie empfindet. Neid und Verbitterung gehen anscheinend Hand in Hand, wie Zwillinge. Sie bestärken sich und nähren sich gegenseitig.

DIE SCHLIMMSTE DER SIEBEN TODSÜNDEN

Neid ist eine der schlimmsten der negativen Emotionen. Es ist die einzige der „sieben Todsünden“, von denen der Neider anscheinend nichts hat. Er kann jemanden so sehr beneiden, dass er innerlich kocht oder sogar demonstrierend auf die Straße geht, was aber keine Auswirkung auf seine Zielscheibe hat. Außerdem bringt es dem vom Neid besessenen Menschen keinen Nutzen noch macht es ihm Freude.

Neid wird gewöhnlich von einem Elternteil oder von anderen Menschen gelernt, die dem Neider immerzu erzählen, erfolgreichere oder glücklichere Menschen seien grundsätzlich böse oder unehrlich. Leider! Denn das ist so, als sagte man, manche Menschen seien deshalb krank, weil andere gesund sind.

In unserer Gesellschaft motiviert die Emotion des Neids heute praktisch alle sozialen und politischen Vorgänge, sowohl national wie auch international. Neid ist immer nach außen gerichtet, auf jemanden, einen „Feind“, dem es besser geht als einem neidischen Menschen. Die Zielgruppe der Neider nennen diese dann gern „die Reichen“. Denn kein Neider kritisiert oder verunglimpft einen Versager oder einen armen Menschen.

Weil erfolgreiche Menschen für Neider per Definition böse sind, müssen sie irgendwie zu Fall gebracht oder bestraft werden. Das Dumme am Neid ist nur, dass er nie zufrieden gestellt wird, sondern viel eher im Laufe der Zeit immer noch weiter zunimmt. Und der Neid fügt dem Neider weit mehr Schaden zu, als dem Menschen oder der Gruppe, auf die der Neid sich richtet.

BEWUNDERUNG GEGEN NEID

Etwas zu bewundern, was ein anderer Mensch erreicht oder geschafft hat, ist etwas völlig anderes als Neid. Es ist gut, wenn du dir etwas wünschst, was jemand anderes hat, weil es dich dazu bringt, mehr an dir zu arbeiten und besser darin zu werden, was dein Ding ist. Dein Wunsch nach größerem Erfolg und besserer Leistung holt das Beste aus dir heraus. Allein schon aufgrund der geistigen Gesetze der Anziehung ist diesbezüglich eine der besten Übungen, die man machen kann, dass man den Erfolg und die Leistungen anderer zu bewundern lernt. Denn das erzeugt ein positives Kraftfeld voll mit der Energie, die solcher Art Chancen in dein Leben ruft und zieht, mit denen auch du erfolgreich und anerkannt sein kannst.

Aufgrund der geistigen Gesetze der Abstoßung ist das Schlimmste, was du dir antun kannst, Neid oder Verbitterung gegen andere zu haben. Bist du trotzdem neidisch, erschaffst du ein Kraftfeld voll negativer Energie, das den Erfolg und das Glück aus deinem Leben abstößt und vertreibt. Das falsche Verständnis dieser fundamentalen Einsicht ist einer der Hauptgründe für den Frust, das Versagen und das Unglück im Leben sehr vieler Menschen. Indem sie negativ über andere Menschen denken, sabotieren sie sich in Wahrheit selbst.

VERBITTERUNG FRISST DICH INNERLICH AUF

Die Zwillingsschwester des Neids heißt *Verbitterung*. Die Verbitterung kommt nämlich ebenfalls daher, dass jemand glaubt, jemand anderes hätte bessere Bedingungen erreicht oder zugeschoben bekommen als er selbst. Manche politischen Weltanschauungen benötigen unbedingt einen Feind, also jemanden, auf den man Neid und Missgunst lenken kann, um die Politik der Parteiführer und ihrer Anhänger zu rechtfertigen.

Gehe diesem emotionalen Treibsand einer Verbitterung nicht in die Falle, nur weil andere dir das sagen.

Der Schlüssel zur Eliminierung der negativen Emotionen von Neid und Verbitterung liegt darin, den anderen immer das zu wünschen, was du für dich wünschst. Geht es Leuten in einer Hinsicht besser als dir, freue dich für sie und bewundere ihren Erfolg. Denke darüber nach, wie du es ihnen nachmachen könntest, um den gleichen Grad an Ergebnissen und Verdiensten zu erreichen. Damit erzeugst du ein Kraftfeld voll positiver Energie, das Ideen, Menschen und Ressourcen anzieht, die dir in deinem Leben denselben Erfolg ermöglichen, wie du ihn bei anderen bewunderst.

ÜBUNG

Denke an einen Menschen oder an Leute, deren Erfolg du aufrichtig bewunderst und versuche herauszufinden, was du von ihnen lernen könntest, um in deinem Leben erfolgreicher zu sein. Entschließe dich, ab sofort niemals mehr Leute zu beneiden, die erfolgreicher sind als du.

KAPITEL 11 – LASS DIE VERGANGENHEIT LOS

> ***„Jede Erfahrung, die wir durchleben, arbeitet letztendlich zu unserem Besten. Das ist die passende Einstellung, die man einnehmen sollte, und wir sollten alles in diesem Licht betrachten.“***
> *(Raymond Holliwell*)*

Dein Lebensziel ist es, glücklich, fröhlich und emotional frei zu sein, und zwar so viele Stunden am Tag wie du nur irgendwie möglich machen kannst. Dein Ziel sollte sein, alle Altlasten und jede Negativität loszuwerden, die dich wie Bleigewichte zurückhalten und daran hindern, das zu erreichen, was für dich möglich ist. Das vielleicht wichtigste Erfolgs- und Glücksprinzip ist im Gesetz der Vergebung enthalten. Es besagt: „Du bist in dem Maße geistig gesund, in dem du aus freiem Willen vergeben, vergessen und jegliche negative Erfahrung loslassen kannst.“

Das heißt nun nicht, dass du aus der unglücklichen Erfahrung nicht eine wertvolle Lektion ziehen könntest. Aber du trennst die Spreu vom Weizen. Du nimmst dir alle Lektionen zu Herzen, uns dann lässt du alles andere los. John F. Kennedy** sagte einmal: „Vergib deinen Feinden immer, aber vergiss ihre Namen nicht.“

**1900 – 1986, amerikanischer Autor.*
***1917 – 1963, John F. Kennedy, 1961 – 1963: Präsident der USA.*

Praktisch alle großen Religionen lehren die große Bedeutung der Vergebung als Schlüssel zum geistigen Königreich des inneren Friedens. Bist du unfähig zu vergeben, bleibst du gefangen in deinem gegenwärtigen Maße des negativen Denkens. Du machst keine Fortschritte. Du bleibst auf einer niederen Ebene von Glück und Zufriedenheit hängen. Du wirst von dieser Weigerung oder Unwilligkeit, eine Verletzung der Vergangenheit loszulassen, jahrelang aufgehalten.

Das Gesetz der Substitution besagt, dass du einen negativen Gedanken durch einen positiven ersetzen kannst. Du kannst dich frei und bewusst dafür entscheiden, an Vergebung zu denken, die deinen Geist befreit, statt Gedanken voller Wut oder Verletzung zu behalten, die dich immer noch unglücklich machen.

ZWEI MECHANISMEN IN DEINEM GEHIRN

Und jetzt kommt der Clou: Du verfügst in deinem Gehirn über einen Erfolgs- und einen Misserfolgsmechanismus. Der Erfolgsmechanismus wird aktiviert, sobald du positive, liebevolle und verzeihende Gedanken über dich und deine Mitmenschen hast und dich auf deine Ziele konzentrierst. Diese positiven Gedanken benötigen bewussten, beständigen und vorsätzlichen Einsatz von deiner Seite aus. Sie kommen nicht zufällig, sondern fordern eine Entscheidung.

Leider arbeitet dein Misserfolgsmechanismus automatisch, sobald du nicht mehr an das denkst, was du willst. Bei deinem Misserfolgsmechanismus handelt es sich um die „Standardeinstellung", die immer dann einsetzt, wenn du keine positiven und konstruktiven Gedanken mehr denkst.

Das bedeutet, dass immer dann, wenn du dich nicht ganz bewusst dafür entscheidest, Gedanken zu denken, die dich glücklich machen, dass dein Verstand die Standardeinstellung mit ihren unglücklich machenden Gedanken aktiviert. Nur zur Erinnerung: Der größte Teil deiner automatischen Programmierung seit deiner frühesten Kindheit dient dazu, dich vor Schmerz zu bewahren. Du musst nur einmal eine heiße Herdplatte anfassen, um dich sofort dein Leben lang an dieses Ereignis zu erinnern, und schon hast du ein Programm, das dich auf Autopilot steuert und Dinge vermeiden wird. Dein Unterbewusstsein ist vollgestopft mit solchen automatischen Reaktionen, voller individuell gebildeter negativer Erfahrungen und Überzeugungen und Ansichten darüber, was du besser meiden solltest.

Glücklicherweise werden durch das Gesetz der Gewohnheit allmählich auch positive Gedanken zu einem Teil deines Autopiloten, wenn du dich geistig weiterhin darauf ausrichtest, positiv zu denken. Ist das positive Denken erst einmal zur Gewohnheit geworden, dann verwandelt sich dieses zur neuen „Standardeinstellung“ und du fängst an, automatisch positiv über dich und über dein Leben zu denken.

ÜBUNG

Trage an einem Tag ein kleines Notizbuch bei dir. Immer wenn du merkst, dass du etwas Negatives denkst, halte inne und entscheide dich stattdessen, den negativen Gedanken zu löschen und ihn durch einen positiven Gedanken zu ersetzen. Notiere dir diese Substitution. Dann beobachte in der nächsten Zeit, wie oft du diesen Gedanken ersetzt und schreibe dir die Gefühle auf, die du hast, wenn du das Negative nicht mehr nährst oder bestärkst.

Viele Menschen bestärken ihre negativen Gedanken ganz automatisch, um sich selbst vor Enttäuschungen und möglichem emotionalen Schmerz zu schützen. Dieses Verhalten haben sie aus ihren Erfahrungen gelernt. Zum Glück lässt es sich wieder verlernen, wenn man sich bewusst um eine Änderung seiner Reaktionen auf all das bemüht.

VON DER NOTWENDIGKEIT DES LOSLASSENS

Der Hauptgrund, warum die Menschen heute unglücklich sind, liegt darin, dass sie nach wie vor auf jemanden wütend sind, der ihnen in der Vergangenheit etwas angetan oder unterlassen hat. Sie haben diesem Menschen einen Fehler oder ein Unrecht immer noch nicht vergeben.

Die Entscheidung, Vergebung als beständige eigene Philosophie im Leben zu üben, ist für dich essentiell, um vom Kind zum Erwachsenen werden. Verzeihst du, befreist du dich von negativen Emotionen und Schuldgefühlen. Du befreist aber auch andere Menschen. Du wirst vom Opfer zum Gewinner. Du wirst die Altlasten deiner Vergangenheit los und entfesselst dein Potenzial für die Verwirklichung deiner Zukunft.

Vergebung ist ein ganz wesentlicher Schlüssel zu Freude, zum Glück und zum inneren Frieden. Deine Fähigkeit, anderen aus freier Entscheidung zu vergeben, zeigt ganz deutlich, wie weit du bei deiner Reise zur vollentwickelten Persönlichkeit bereits gekommen bist. Die größten Geister aller Zeitalter waren stets jene, die sich bis zu dem Punkt entwickelt hatten, an dem sie keine Feindschaft mehr spürten, und zwar gegenüber niemandem und aus keinem Grund mehr. Das sollte auch dein Ziel sein. Vollständige Vergebung ist dein Schlüssel, um all das zu werden, was du werden kannst.

VERGEBUNG IST SEHR PERSÖNLICH

Einige Menschen glauben, sie könnten unmöglich vergeben. Sie glauben, jemandem zu vergeben bedeute, seine Taten *gutzuheißen* oder etwas Böses oder Grausames totzuschweigen, was derjenige begangen hat. Sie glauben, durch die Vergebung ließen sie den anderen vom Haken, sie ließen ihn frei, obwohl er etwas Schlimmes oder Verletzendes gesagt oder getan hat.

Aber es kommt auf etwas anderes an: Vergebung hat mit dem anderen Menschen rein gar nichts zu tun. Vergebung hat ausschließlich mit dir zu tun. Vergebung ist in diesem Sinne letztendlich eine *vollkommen egoistische* Tat. Indem du jemand anderem vergibst, bleibt es dir egal, ob du andere Menschen befreist – du befreist dich selbst.

Weigerst du dich zu vergeben, berührt das den anderen gar nicht. Deine andauernde Wut macht nur dich unglücklich und depressiv. Es ist doch so: Wüsste der andere Mensch, auf den du immer noch wütend bist, das es dir schlecht geht, dass du dich immer noch ärgerst, dass du noch wütend auf ihn bist, könnte ihm das möglicherweise sogar gefallen! Willst du das wirklich?

Der U.S.-Comedian Buddy Hackett meinte einmal: „Ich schleppe keinen Groll mit mir herum. Und wisst ihr, warum? Während ich meinen Groll mit mir herumschleppe, gehen die anderen Leute zum Tanzen.“

DAS GRÖßTE PROBLEM DEINES LEBENS

Man sagt, dass 85 Prozent der Probleme unseres Lebens durch unsere Beziehungen, also durch anderen Menschen kommen. Praktisch alle deine negativen Emotionen, insbesondere Wut und Schuldgefühle, hängen mit einem anderen Menschen zusammen. Immer wenn ich frage: „Was ist dein größtes Problem, deine gegenwärtig größte Sorge?“, dann bezieht sich die Antwort der Leute immer auf einen anderen Menschen oder andere Leute, und was die getan haben oder was sie gerade tun.

Brians Freund Jim Newman veranstaltete *PACE*-Seminare (*Personal and Corporate Effectiveness*; persönliche und betriebliche

Effektivität). Sie dauerten drei Tage und beschäftigten sich mit persönlichem Wachstum und Effektivität. In diesen Seminaren erklärte er, jedem Menschen stünden eine Reihe *roter und grüner Schaltknöpfe* auf der Brust zur Verfügung. Es handle sich um die glücklichen und um die traurigen Erinnerungen. Aus Gewohnheit würde jeder lächeln und glücklich sein, wenn man die grünen Knöpfe drückte. Immer wenn man einen roten Knopf drückte, wurde man wütend und könnte am liebsten um sich schlagen.

Die grünen Knöpfe repräsentierten die glücklichen Erinnerungen an die Menschen in deinem Leben, die man liebte und mit denen man gern zusammen war, die Ehefrau etwa oder die Kinder. Die roten Knöpfe hätten mit Erinnerungen an Menschen zu tun, die einen verletzt hatten und über die man automatisch wütend war, wenn nur ihr Name zur Rede kam oder wenn einen etwas an sie erinnerte.

DIE KNÖPFE DURCH VOR-PROGRAMMIERUNG NEU SCHALTEN

Jim lehrte, dass der Schlüssel zur völligen Kontrolle über deine Emotionen in der Neuverschaltung dieser Knöpfe lag. Man schaltet diese Knöpfe neu, indem man sich dazu *vorprogrammiert*, etwas Positives statt etwas Negatives zu denken, wann auch immer so ein roter Knopf gedrückt würde.

Weil deine unbewussten Programme und Emotionen so unglaublich schnell funktionieren, lassen sie sich in dem Augenblick, in dem eine negative Erinnerung sie auslöst, nicht mehr kontrollieren. Du musst sie also im Vorfeld programmieren. Das machst du, indem du dir sagst: „Immer wenn ich an diesen Menschen denke, segne ich ihn, ich vergebe ihm und lasse los."

Ich habe herausgefunden, dass der Schlüssel zum Vergeben in der einfachen Feststellung liegt: „Gott segne ihn; ich vergebe ihm und wünsche ihm alles Gute." („Gott segne sie; ich vergebe ihr/denen und wünsche ihr/ihnen alles Gute.")

Man kann nicht wütend auf jemanden sein, für den man betet und dem man alles Gute wünscht. Wiederholst du diesen Satz immer wieder, wenn du an diesen Menschen denkst, „schaltest" du deine Emotionen neu. Praktisch im Nullkommanichts hören deine negativen Emotionen, die mit diesem Menschen verknüpft sind, auf. Der Gedanke oder das Bild ist nicht mehr mit deiner Emotion verbunden. Vorher machte der Gedanke oder das Bild dich wütend, nun reagierst du völlig neutral. Du spürst nichts mehr.

Von jetzt an sagst du einfach, wenn der Name oder das Bild dieses Menschen auftaucht: „Gott segne ihn. Ich vergebe ihm und wünsche ihm alles Gute. Und jetzt lasse ich los." Lässt du den anderen los, befreist du damit auch dich selbst, um dann mit dem wunderbaren Leben weiter zu machen, das dir **möglich** ist.

DIE KUNST DES VERGEBENS

Die Kunst des Vergebens ist der Schlüssel zu der Zukunft, die du willst. Von jetzt an nutzt du deine Intelligenz, du benutzt deinen wunderbaren Verstand, wenn du an jemanden denkst, der dich unglücklich gemacht hat, um Gründe zu finden, ihm zu vergeben und dann loszulassen. Statt dich an die unschönen Dinge zu erinnern, durch die dich dieser Mensch verletzt hat, segnest du ihn, vergibst ihm und lässt los. Das wird schnell zur Gewohnheit, eine ganze Persönlichkeit ändert sich zum Besseren.

Denke stets daran, dass du keine besondere Intelligenz brauchst, damit du immer wieder wütend über etwas wirst, was in der Vergangenheit passiert ist und das sich jetzt nicht mehr ändern lässt. Es braucht aber schon einiges an Intelligenz und Charakter, um zu segnen, zu vergeben und loszulassen, um dich selbst von deiner Vergangenheit zu befreien.

ÜBUNG

Denke an einige der „hässlichen Frösche“ deines Lebens, also einen oder mehrere Menschen, denen du (noch) nicht vergeben hast. Schreibe dir drei bis fünf Leute auf, auf die du noch wütend bist, denen du die Verletzungen in der Vergangenheit noch nicht vergeben hast. Sage dir selbst: „Ich entscheide mich dafür, das loszulassen und ich vergebe .... (hier Namen des Menschen aussprechen) alles, was geschehen ist.“

Eine Kurzform dafür sind die drei Sätze, die ich bereits erwähnt habe: „Gott segne dich. Ich vergebe dir. Ich wünsche dir alles Gute.“

Sorge dafür, dass du das alles mit ehrlicher Überzeugung sagst, dann ereignet sich ein Stück echter Magie. Finde deinen eigenen Weg, wie du es tun kannst, wie du deine erste Abneigung überwindest, damit du dich von den negativen Emotionen der Vergangenheit völlig befreien kannst.

Du kannst dein Bewusstsein auch auf ein Ereignis richten, bei dem du etwas gesagt oder getan hast, das jemanden verletzt haben könnte, obwohl du nicht weißt, ob das tatsächlich so war. Stelle dir vor, dass sowas den anderen zehn, zwanzig, dreißig oder vierzig Jahre lang beschäftigt haben könnte, weil dir dieser Mensch nie vergeben konnte und immer noch wütend auf dich ist. Ist das nicht lächerlich? Du hängst nicht an ihrem Haken, es nützt ihnen nichts, wütend und frustriert zu sein, und doch hängen Menschen immer noch an so einem Gefühl.

Die **meisten** Menschen klammern sich an solche Gefühle. Die Einsicht sagt dir aber: Es kommt nicht darauf an, ob es dir zu Beginn schwerfällt, zu verzeihen, sondern es ist für dich zwingend nötig und unerlässlich zu verzeihen, um dich von dem Energieverlust zu befreien den das schon so lange kostet, und dich künftig mit etwas anderem zu befassen und das zu genießen, was du am liebsten tust – sobald du diese Aufgabe erledigt hast.

Wenn „andere Leute“ bei dir schlechte Gefühle ausgelöst haben, dann handelt es sich dabei nur um hässliche Frösche, denen du dich nur stellen musst, um dich von ihnen zu befreien.

Selbst wenn jemand am deinem Haken hängt, den du lehren oder manipulierten könntest, weißt du doch nie, ob das klappen wird, und wenn ja, wie lange es anhalten würde. Sie werden jederzeit und auf allen Ebenen dagegen kämpfen, dass du sie beeinflusst, weil sie frei sein wollen, und somit verlierst du auch unterbewusst noch Ressourcen und Kräfte!

Gegen Sachen anzukämpfen, die dir weder Spaß noch Freude machen, ist sinnlos. Du verschwendest damit nur deine Kraft. Schlimmer noch: Du vernachlässigst das Potenzial deiner unterbewussten Programmierkapazitäten, die du nutzen könntest, um dein Leben viel reicher zu erschaffen, viel liebevoller, freudiger und erfolgreicher im Beruf und im Geschäft zu sein. Lass uns erklären, wie man das im Detail tatsächlich meistern kann.

1. DER PROZESS DER VERGEBUNG

Wenn wir in unseren Seminaren über die Vergebung sprechen, sind sich nach einer kurzen Erklärung fast immer alle einig, dass die Vergebung eine sinnvolle Vorgehensweise ist. Alle nicken, lächeln und meinen, dass sie zukünftig freigiebig allen vergeben werden, die sie verletzt haben und dann loslassen. Geht es dann aber um ganz bestimmte Menschen, denen sie dann konkret vergeben sollen, taucht eine emotionale Blockade auf.

VIER GRUPPEN VON MENSCHEN, DENEN MAN VERZEIHEN MUSS

Es gibt vier Gruppen von Menschen, denen du vergeben lernen musst, wenn du wahrhaftig glücklich sein willst:

1. Deine Eltern: Als erstes musst du deinen *Eltern* vergeben. Viele sind ihren Eltern noch als Erwachsene böse, weil ein Elternteil etwas getan oder nicht getan hat, als sie noch klein waren. Sie hatten erwartet, dass sich ihre Eltern auf eine bestimmte Weise verhalten würden, ihre Eltern aber haben etwas anderes getan. Und nun – nach all den vielen Jahren – sind die erwachsenen Kinder immer noch wütend.

WIE LANGE WILLST DU WÜTEND SEIN?

Bei einem Seminar in Orlando aß Brian mit einem seiner Teilnehmer zu Mittag. Er erzählte ihm von seiner Frau, von der er sich nach mehr als zwanzig Jahren hatte scheiden lassen. Sie war negativ, wütend und beschwerte sich jeden Tag, die ganze Zeit, bis er es schließlich satt hatte. Er wollte nicht den Rest seines Lebens mit so einem Menschen verbringen.

Als er ihm das erzählte, erwähnte er, dass er in der Woche zuvor mit seiner Ex-Frau zu Mittag gegessen hatte. Weil sie zwei Kinder hatten, mussten sie sich hin und wieder treffen, um Dinge zu besprechen. Bei diesem Essen meinte er, er mache sich Sorgen wegen ihrer Negativität, weil sie ständig andere Leute kritisiere und sich immerzu über ihre Arbeit und ihr Leben beklage.

Sie antwortete: „Also, du wärst genauso negativ, wenn deine Mutter dich so behandelt hätte, wie meine Mutter mich als Teenager behandelt hat."

Bill sagte: „Susan, du wohnst schon seit mehr als 25 Jahren nicht mehr bei deiner Mutter. Wie lange soll sie denn noch als Entschuldigung für deine Probleme als Erwachsene herhalten?"

Das ist auch für *dich* eine wichtige Frage. Wie lange willst du noch wegen etwas in deiner Vergangenheit wütend sein?

Es kommt nicht darauf an, wie lange das schon zurückliegt. Denn du kannst ja die Vergangenheit nie verändern! Aber was du machen kannst, ist auf kluge Weise deine Sichtweise auf die Ereignisse in der Vergangenheit zu verändern. Denn deine Wahrnehmung erzeugt deine Wirklichkeit. Und deine Sichtweise auf jedes einzelne Ereignis in deiner Vergangenheit kannst du ja so verändern, dass deine Vergangenheit deine Wirklichkeit nicht mehr negativ beeinflusst, wie schon vorher gesagt. Durch Neurolinguistisches Programmieren (NLP) zum Beispiel kann jeder Mensch aus Büchern oder in Kursen eine Reihe von NLP-Techniken erlernen, mit denen das geht. Und es gibt überall gute Berater und großartige Coaches, die das können und dir helfen, dass du das in einer einzigen privaten Beratungs-Sitzung machst.

IRGENDWO FESTSITZEN

Es gibt viele Menschen, die irgendwo feststecken, weil sie nach wie vor auf einen oder beide Elternteile wütend sind, wegen etwas, was vor vielen Jahren passiert ist.

Manchmal sind Menschen sogar noch dann auf ihre Eltern wütend, wenn diese schon längst tot sind. Folglich bleiben sie in ihrem Kopf immer Kinder. Sie betrachten sich als Opfer. Sie sind wütend und frustriert und schaden damit oft genug der Beziehung zu ihrem Ehepartner und ihren Kindern.

Als erstes musst du also deinen Eltern vergeben. Ob sie noch leben oder schon tot sind, ob sie in deiner Nähe wohnen oder weit entfernt ist irrelevant, doch du musst deinen Eltern aus freien Stücken alles vergeben, was sie taten oder sagten und was dich in deiner Kindheit vielleicht verletzt hat oder haben könnte.

Du solltest es unbedingt sagen: „Gott segne sie. Ich vergebe ihnen und ich wünsche ihnen alles Gute.“

SIE HABEN IHR BESTES GETAN

Der Punkt dabei ist: Deine Eltern haben ihr Bestes für dich getan als die, die sie damals waren und mit dem, was sie damals besaßen. Sie schenkten dir all die Liebe, die sie damals zu geben fähig waren. Sie hatten nicht mehr zu geben als das Maß an Liebe, das du erhalten hast.

Sie waren das Ergebnis ihrer eigenen Kindheit und Erziehung. Ihre Eltern ihrerseits waren das Ergebnis ihrer Erziehung durch die Urgroßeltern. Sie konnten nicht anders handeln, als so, wie sie gehandelt haben. Sie hätten bei deiner Erziehung nichts anders machen können.

Und so wie du nicht perfekt bist, sind auch deine Eltern nicht perfekt. Genau wie du hatten sie ihre Ängste und Zweifel. Sie haben Fehler und dumme, böse, blöde, grausame und gedankenlose Dinge getan. Sie brachten dich mit der besten Absicht zur Welt und sie taten alles, was ihnen möglich war, so gut sie es konnten und wie sie es wussten.

Immer wenn du dir Gedanken machst wegen etwas, was deine Eltern getan oder unterlassen haben, dürfte es dir helfen, *dass du einfach unterstellst*, dass deine Eltern, wenn ihnen bewusst gewesen wäre und sie ganz genau begriffen hätten, dass sie etwas gesagt oder getan haben, was dir irgendwie Schmerz verursacht hatte, dass sie sich deswegen wohl sehr wahrscheinlich schlecht gefühlt hätten. In den meisten Fällen hätten sie es sicherlich niemals mit Absicht getan. Wenn du selbst Kinder hast, stelle dir vor, was du empfinden würdest, wenn dein Kind dir sagte, du hättest es irgendwie verletzt. Wahrscheinlich wärst du überrascht. Du würdest deinem Kind doch nie absichtlich ein Leid antun. Deinen Eltern ging es genauso.

LASS SIE VOM HAKEN

Nun musst du ihnen alles vergeben, was sie bei ihrer Erziehung je falsch gemacht haben. Du musst sie vom Haken lassen. Du musst sie freilassen. Denn nur wenn du deine Eltern durch die Praxis der Vergebung befreist, kannst du dich selbst befreien. Nur wenn du sie vom Haken lässt, lässt du dich vom Haken. Nur wenn du deinen Eltern vergibst, wirst du zum reifen Erwachsenen.

Einer von Brians Seminarteilnehmer ging nach dem ersten Tag des Seminars, an dem er von diesem Prinzip erfahren hatte, zu seinen Eltern. Später erzählte er ihm, dass er selbst noch im Alter von 35 Jahren stinkwütend auf seinen Vater gewesen war, wegen etwas, was dieser getan hatte, als er 15 Jahre alt war. Diese in ihm köchelnde Wut belastete die Beziehung zu seiner Frau und zu seinen Kindern. Er musste sie loslassen, deshalb besuchte er gleich nach dem Seminar seine Eltern.

Mit klopfendem Herzen ging er direkt zu seinem Vater und sagte: „Papa, erinnerst du dich noch, als ich 15 war und du mir das angetan hast? Ich will, dass du weißt, dass ich dir das völlig vergebe und auch jeden Fehler, den du in meiner Kindheit gemacht hast. Ich liebe dich."

Sein Vater war ein schroffer, hart arbeitender Mann. Er sah ihn an und meinte mit leicht gereizter Stimme: „Ich weiß nicht einmal, von was du redest. Ich habe nie etwas getan, was du mir vergeben müsstest."

Er sah seinen Vater schockiert an. Er war fassungslos. Er begriff plötzlich, dass er zwanzig Jahre lang wegen etwas wütend gewesen war, das seinem Vater nicht einmal bewusst war. Er schüttelte seinen Kopf, drückte seinem Vater die Hand und verabschiedete sich. Er trat in die frische Luft und spürte auf einmal, dass eine riesige Last von seinen Schultern genommen war.

SCHREIBE EINEN BRIEF

Wenn du eine besonders belastete Beziehung zu deinen Eltern hast, willst du vielleicht lieber einen Brief schreiben, in dem du jeden einzelnen Punkt aufführst, der dich verletzt oder unglücklich gemacht hat, als du klein warst. Du könntest den Brief einfach so ungefähr anfangen: „Ich möchte euch für alles im Folgenden Aufgeschriebene vergeben." Am Ende des Briefes schreibst du vielleicht darunter: „Ich vergebe euch alles aus freien Stücken. Ich liebe euch und wünsche euch alles Gute."

Hast du noch Kontakt zu deinen Eltern, dann könnte es auch sehr heilsam sein, wenn du dich mit ihnen zusammensetzen würdest und sie nach den Gründen dahinter zu fragen, warum sie etwas Bestimmtes gesagt oder getan haben. Das trägt dazu bei, dass du deine Sicht der Situation ändern kannst. Wenn wir begreifen, warum unsere Eltern etwas Bestimmtes getan haben, verändert das meistens völlig unsere Sicht, wie wir über eine bestimmte Erfahrung denken. Aber du solltest vorsichtig und achtsam sein, und eher Neugier ausdrücken und überhaupt keine Schuldzuweisung formulieren, sonst fühlen sich deine Eltern angegriffen und geraten in die Defensive.

Raho ermutigt seine Klienten dazu, bei ihren Eltern mit einer Erklärung der eigenen Erfahrung zu beginnen. Etwa: „Ich habe mich selbst erforscht und bin mir eines Gefühls von .... in meinem Inneren bewusst geworden. Ich erinnere mich, dass ich das fühlte, als diese .... geschah und frage mich, ob ihr mir helfen könntet zu verstehen, was damals in dieser Situation passiert ist, damit ich mich selbst besser verstehe." Sprich dabei eher von dir und nicht von ihnen, dann entsteht kein unnötiges Schuldgefühl. Wenn du nur über deine eigene Erinnerung und deine Sicht als Kind redest, können deine Eltern dich besser verstehen und sich mitteilen. Tust du das nicht, empfinden sie oft Stress und sogar Widerstand, weil die Beziehung zu ihren Kindern für Eltern so intensiv ist.

Manchmal reicht es schon, sich mit seinen unglücklichen Gefühlen zu konfrontieren und sie loszuwerden, um sich von der Wut zu befreien, die man noch in sich trägt.

Hast du erst einmal deinen Eltern vergeben, hast du einen gewaltigen Schritt nach vorne gemacht. Du hast etwas getan, was nur wenige Menschen jemals in ihrem ganzen Leben schaffen. Allein die Tatsache, dass du deinen Eltern vergibst, setzt deine persönliche Befreiung in Gang. Du wirst danach schon anfangen, dich glücklicher und friedvoller zu fühlen. Geistig und emotional wirst du dich weiter vom Kind zum Erwachsenen hin bewegen.

2. Intime Beziehungen: Die zweite Gruppe von Menschen, denen du vergeben musst, sind alle jene aus deinen vergangenen Beziehungen, deinen Romanzen und deinen Ex-Partnern bzw. Ex-Partnerinnen. Intime Beziehungen machen uns gegenüber anderen Menschen höchst verletzlich. In Liebe und Leidenschaft sagen und machen wir Sachen, bei denen wir uns so sehr öffnen, dass unsere Seele für Anderen offen und entblößt daliegt. In diesen intensivsten Augenblicken unseres Lebens öffnen wir Geist, Herz und Körper.

Funktioniert eine romanische Beziehung nicht und geht auseinander, dann überwältigen uns häufig all die negativen Emotionen, über die wir in diesem Buch sprechen. Wir spüren Wut und Schuldgefühle. Wir erleben Neid und Verbitterung. Wir rechtfertigen uns und rationalisieren. Wir geben anderen die Schuld, kritisieren und verurteilen. Wenn wir unsere Gefühle dann nicht im Zaum zu halten lernen, können wir sogar – in kleinerem oder größerem Ausmaß – verrückt vor Gefühlen werden. Es kann sich so anfühlen, als verschwinde unser gesamtes emotionale Leben in einem schwarzen Loch.

Erneut musst du deinen wunderbaren Verstand einsetzen, um diese negativen Emotionen zu neutralisieren, um die Situation auf irgendeine Art zu lösen und um endlich wieder dein eigenes Leben weiterzuleben.

WARUM MAN AM HAKEN ZAPPELT

Man sagt ja oft: „Niemand kann dich zu irgendetwas treiben, es sei denn, DU *willst* noch etwas von ihm oder ihr."

In der Psychologie spricht man von einer „unerledigten Angelegenheit". Wir ärgern uns häufig über eine vergangene Beziehung oder sind wütend, weil ein oder zwei Probleme daraus noch längst nicht gelöst sind. Beim schlimmsten Fall von unerledigten Angelegenheiten liebt meistens einer der beiden den anderen noch immer und will, dass seine Liebe erwidert wird. Hat sich der Partner aber emotional entfernt und ist am Ex-Partner einfach nicht mehr romantisch interessiert, kann der emotional zurückgelassene Mensch unendlich komplizierte Gefühle erfahren, darunter Wut, Schuldgefühle, Minderwertigkeitsgefühle, das Gefühl, nichts wert oder unattraktiv und verhältnismäßig wertlos zu sein.

Einer vergangenen Beziehung zu vergeben, bedeutet, die Verantwortung für das Geschehene oder Unterlassene zu akzeptieren. Statt dem Partner die Schuld an dem zuzuschieben, was er oder sie getan oder nicht getan hat, musst du einsehen und akzeptieren, dass du mindestens ebenso verantwortlich dafür warst, dass ihr diese Beziehung eingegangen seid, und dass du in dieser Beziehung geblieben bist. Meistens ist dir klar, dass es die falsche Art von Beziehung war, die du eingegangen bist und in der du geblieben bist. Wahrscheinlich weißt du auch schon, dass du sie vielleicht schon lange vorher hättest beenden sollen.

Bei einer Untersuchung mehrerer Tausend Paare in den USA, die schon vor ihrer Hochzeit eine Eheberatung aufsuchten, meinten tatsächlich 38 Prozent der künftigen Ehepartner ganz im Vertrauen zum Berater, dass sie ihre(n) Partner/in eigentlich gar nicht heiraten wollen. Sie hätten das Gefühl, es wäre ein Fehler. Dennoch zogen sie es dann durch und heirateten doch, weil sie das Gefühl hatten, dass ihre Familie und ihre Freunde das so von ihnen erwarteten.

DENKE ZUMINDEST AN EINEN MENSCHEN

Es gibt eine wichtige Regel: Tue nie etwas oder lasse nie etwas sein, nur weil du dir Sorgen machst, was *andere Menschen* von dir denken könnten. Im Endeffekt wirst du lernen, dass sich ohnehin niemand Gedanken über dich gemacht hat. Wäre dir klar, wie wenig andere Menschen tatsächlich an dich denken oder über dich nachdenken, würde dich das wahrscheinlich sogar beleidigen. Die Gedanken der meisten Menschen drehen sich um das, was sie sind, was sie wollen oder was sie haben. Lieben sie dich allerdings wirklich und bist du ihnen wirklich wichtig, dann wollen sie für dich nur das Beste. Zumindest ist das das Ergebnis von wahrer Liebe. All die anderen, die dich nicht lieben, die dir sowieso nicht sagen, was sie ehrlich meinen oder die es ohne Liebe tun, die können dir ja auch egal sein.

Du kannst dir nie sicher sein, ob das, was du tust oder nicht tust den anderen gefällt. Eine Ehe oder eine intime Beziehung ist die persönlichste Interaktion, die du je eingehst. Deshalb solltest du zuerst natürlich sicherstellen, dass du dich auf jeden Fall um dich selbst kümmerst. Sei absolut an dir selbst interessiert, was das betrifft. Stelle dein eigenes Glück nach vorne, an die erste Stelle. Tue nur etwas, von dem du spürst, dass es richtig für dich ist. Lass dich von den positiven oder negativen Ansichten anderer Leute nicht beeindrucken. Das bedeutet: Liebe dich selbst, und zwar ganz und gar.

DIE LEUTE TUN DAS BESTE, WAS SIE KÖNNEN

Viele Leute hatten eine schlechte Ehe und gehen durch eine Scheidung – und sind dann zehn oder zwanzig Jahre später immer noch wütend und gekränkt. Sie geben häufig immer noch ihrem Partner die Schuld, dass es mit ihrer Ehe nicht geklappt hat. Sie können von der Tatsache nicht loslassen, dass ihre Ehe, in die sie so viel investiert haben, gescheitert ist. Sie können dem

Partner immer noch nicht vergeben, was er getan oder nicht getan hat.

Aber wie bei der Elternschaft geben Menschen in einer Ehe ihr Bestes. Es heiratet ja kaum einer mit der Absicht, dass die Ehe scheitern soll. Man heiratet immer mit den größten Hoffnungen, Träumen und Sehnsüchten. Wenn sich Menschen später im Laufe der Zeit ändern und die Ehe scheitert, hat keiner der beiden Partner Schuld daran.

NIEMAND HAT SCHULD

In dem Film *„Good Will Hunting"* erreicht die Beziehung zwischen dem Patienten Matt Damon und dem Psychologen Robin Williams einen kritischen Punkt, als Matt Damon von den traumatischen Erfahrungen seiner Jugend berichtet hat und Robin Williams zu ihm sagt: „Es ist nicht deine Schuld."

Dieser Teil des Filmes ist sehr bewegend und sagt sehr viel aus. Matt Damon antwortet: „Ja, klar, weiß ich." Dann wiederholt der Psychiater: „Es ist nicht deine Schuld. Es ist nicht deine Schuld. Es ist nicht deine Schuld." Endlich begreift Matt Damon, was der Psychiater ihm sagt. Ganz gleich, was in seiner Kindheit geschah, wie traumatisch es auch war, es war nicht seine Schuld. Und in diesem Augenblick wird er endlich frei.

In einer unglücklichen Ehe ist es auch nicht deine Schuld, es auch nicht die Schuld deines Partners. Zwei Menschen, die einmal so gut zusammenpassten, dass sie heirateten, passen nicht mehr zusammen. Dafür entscheidet man sich nicht. *Es passiert eben.* So wie das Wetter. Zwei Menschen entfernen sich voneinander und denken und fühlen nun anders über sich, ihr Leben, ihre Arbeit, ihre Kinder und ihren Platz in der Gesellschaft. Das geht jedes Jahr Millionen von Paaren so. Menschen wachsen und entwickeln sich; in einer Beziehung wachsen sie entweder mit gemeinsamen Zielen und Träumen zusammen oder entwickeln sich auseinander, weil jeder etwas anderes will. Daran hat niemand Schuld. Du bist nicht schuld. Und wenn du dein Schuldgefühl nicht loswirst, nutze die Übung ein, in der du lernst ein Schuldgefühl durch Achtsamkeit und Bewusstheit zu ersetzen.

ERSETZE DIE ART, WIE DU EINE BEZIEHUNG BEGREIFST

Eine der größten Entdeckungen über Beziehungen liegt in der Erkenntnis, dass man eine Beziehung nicht völlig „beenden“ im Sinne von „Verlieren” muss, wenn sich dieser Schritt für beide nicht richtig anfühlt. Stattdessen kann man immer noch das Gefühl der Befreiung erleben, das man braucht, indem man die Form und die Bezeichnung für die bisherige Beziehung ändert, wenn die alte Form der Beziehung vorbei ist.

Du kannst die Form der Beziehung ändern und sie umbenennen, etwa von (wir sind) „in einer Beziehung“ auf (wir sind) „gute Freunde“ oder auf so etwas „wie Bruder und Schwester“ oder „Ex-Freunde“, je nachdem mit welcher Bezeichnung es dir besser geht. Man muss nicht immer alles verlieren. Finde einfach ein besseres Wort, das dein Verständnis dafür, wie du dich in Zukunft auf diesen anderen Menschen beziehen willst, besser ausdrückt.

Was so schmerzt, wenn sich dein Beziehungsstatus ändert, ist, dass die Zerstörung von einer Vorstellung, von einer Idee, die dein/e Partner/in und du von der Zukunft hatten. Doch so wie sich Menschen ändern, wie sich die ganze Welt wandelt, so dürfte sich auch diese Vorstellung im Laufe der Zeit verändern. Es handelt sich immerhin um eine geistige Vorstellung. Es war eine Imagination, eine Projektion, und stimmt nicht mehr mit der Wirklichkeit überein, die einer oder beide Partner gestalten wollen. Das trifft auch für die frühere Definition der Beziehung zu. Die Vorstellung von der Zukunft braucht also ein Update. Finde ein Wort oder ein Bild, das auf die geänderte Wirklichkeit zutrifft, so wie sie sich in der Beziehung entwickelt hat. Das Bild oder das Wort sollte diesen neuen Bezugsrahmen halten und ein neues Verständnis dafür bilden, wie ihr euch künftig verhalten und wie ihr sein wollt, wenn ihr euch künftig begegnet.

Dabei kommt es darauf an, kreativ zu sein. Wenn der Mensch an und für sich kein schlechter Mensch ist, was meistens so ist, dann schrecke also nicht davor zurück, eine neue Form und Benennung für die völlig veränderte Beziehung zu schaffen und diese vielleicht auch hin und wieder weiterzuentwickeln, selbst wenn es eine Form annimmt, an die du früher nie zuvor gedacht hattest oder nicht hast denken wollen.

Seid ihr beide bereit, immer noch Liebe zwischen euch zu spüren, entweder wegen der Kinder, wegen anderer gemeinsamer Interessen oder wegen der Verwandten, oder vielleicht auch, weil ihr immer noch großen und ehrlichen gegenseitigen Respekt hegt, dann findet ihr einen Weg, den beide akzepektieren können.

Ihr könnt beide eure verschiedenen Blickweisen auf das Leben in ein größeres neues Konzept vom Leben und „Sichaufeinanderbeziehen" einbringen. Das Leben ändert sich völlig, und unsere Beziehungen ändern und entwickeln sich auch. Entweder klappt das mit dem Ex-Partner zusammen oder du machst das nur für dich allein, und definierst es für dich selbst neu.

ENTSCHLIEßE DICH, LOSZULASSEN

Steckst du noch in der Situation, in der du über eine gescheiterte Beziehung oder Ehe nach wie vor wütend bist, musst du dich als erstes dazu entschließen, sie loszulassen. Solange du dich an die Hoffnung klammerst, dass alles wieder gut wird, wirst du niemals frei sein, weil du dich an eine Vorstellung klammerst, die es in der Realität längst nicht mehr gibt.

Mache auch nicht den Fehler zu glauben, du hingest vom Denken und von den Entscheidungen des ehemaligen Partners ab. Es gibt vermutlich Tatsachen, die du nicht ignorieren kannst.

Aber du kannst neue Sachen lernen und herausfinden, wie du zukünftig neue Tatsachen erschaffst, die in deiner neuen Wirklichkeit besser zu dir passen und dir dort mehr helfen.

Solange du darauf beharrst, dass der andere einsieht, dass er die Schuld am Scheitern trägt, wirst du nie zufrieden sein. Dein Leben geht dann nicht voran. Du wirst nie glücklich sein. Du kannst kein Auto steuern, bei dem jemand anderes am Lenkrad sitzt. Du musst für dich selbst entscheiden – auch wenn du der Teil der Beziehung bist der zurückgelassen wurde.

Wenn du mit dem Verstand erst einmal losgelassen hast, setzt du dich hin und dann schreibst du „den Brief". Das ist eine der effektivsten Methoden, die es gibt, um dich selbst zu befreien und andauerndes Glück und Erfüllung zu erreichen.

Du nimmst dir ein Blatt Papier und schreibst den Menschen an, von dem du jetzt getrennt bist. Dein erster Absatz lautet: „Es ist sehr schade, dass es mit unserer Ehe nicht geklappt hat, ich übernehme jedoch die volle Verantwortung für meinen Teil an dieser Ehe und für alles, was ich getan oder unterlassen habe, was dann zu ihrem Scheitern beitrug. Ich vergebe dir zudem alles, was du gesagt oder getan hast und was mich verletzt hat." (Hier an dieser Stelle erstellen viele Leute eine Liste von jedem einzelnen Vorfall, an den sie sich erinnern können, wegen dem sie noch wütend sind, wenn sie daran denken. Wenn du das auch tun willst, achte darauf, dass du dabei keine Schuldzuweisung machst! Stelle klar, dass es hier ausschließlich um deine persönliche Wahrnehmung geht, die nicht stimmen muss, und dass du niemandem die Schuld gibst. Das macht es wesentlich einfacher, dich zu verstehen.)

Die letzte Zeile geht einfach so: „Gott segne dich. Ich wünsche dir alles Gute."

Dann faltest du den Brief, steckst ihn in einen Umschlag, schreibst die richtige Adresse darauf, klebst eine Briefmarke auf und wirfst ihn in den nächsten Briefkasten.

In dem Augenblick, in dem du den Brief *loslässt*, weißt du, dass er jetzt unterwegs ist. Eine enorme Last wird dir von den Schultern genommen. Du bist glücklich und entspannt. Du lächelst und fühlst inneren Frieden, weil nun alles gesagt und getan ist. Ab jetzt ist alles anders. Du hast dich dazu entschieden, dich an dein eigenes Lenkrad zu setzen und in die von dir gewünschte Richtung zu fahren, und Du gehst auf die bis zu 100 Prozent Lenkfähigkeit zu, die du über dein Leben haben kannst: Du entscheidest für dich selbst.

Heute senden die meisten ihre Post als E-Mail. Du klickst nur auf „Senden" – und schon bist du frei.

Wenn du diese Übung durchführst, sollte dir klar sein, dass es beim Schreiben des Briefes hier um *deine Selbstbefreiung* geht. Um das zu erreichen, musst du alle deine Gedanken und Gefühle über die Beziehung zu Papier bringen. Du schickst den Brief ab, ohne irgendeine Antwort zu erwarten. Du schreibst ja tatsächlich nicht für eine Antwort, sondern du machst es, um loszulassen.

Für den Fall, dass es zwischen euch noch freundschaftliche Gefühle gibt, ihr also eure Beziehung in einer anderen Form fortsetzen wollt, mit einer positiven und konstruktiven Einstellung und ebensolchem Umgang miteinander, kann es natürlich durchaus so sein. Aber erwarte nicht mehr, als die Erfahrung der Befreiung für dich zu finden.

MACH DIR KEINE SORGEN

Hier fragen Leute gewöhnlich: „Aber was ist, wenn der andere meinen Brief missversteht und wieder zu mir zurück will?"

Die Antwort ist einfach: Don´t worry! Mache dir keine Sorgen. Du schreibst diesen Brief nicht für den Ex-Partner. Du schreibst ihn für *dich*. Was den Ex-Partner betrifft: Du sorgst und kümmerst dich nicht darum, ob er oder sie glücklich oder unglücklich, wütend oder ruhig, zufrieden oder unzufrieden ist. Es ist dir von vornherein schlicht egal. Es ist vorbei. Es sei denn, natürlich, ihr beide freut euch darauf, dass ihr euch auf einer anderen Basis trefft und euch unterhaltet, ohne Erwartungen wie beim ersten Date. Aber du brauchst dir keine Sorgen mehr zu machen, denn du bist jetzt frei. Habe ein offenes Herz, so offen wie für alle anderen Leute. Jetzt, nachdem du losgelassen hast, hast du keinen Vertrag mehr mit dem Ex-Partner. Du betrittst jetzt Neuland, die Karten werden neu gemischt.

In vielen Fällen ändert sich der andere völlig, wenn einer erst einmal beginnt, die volle Verantwortung für das zu übernehmen, was geschehen ist. Er oder sie ist plötzlich ebenfalls nicht mehr feindlich, alle negativen Emotionen verschwinden aus der Erinnerung an die Beziehung. Viele Paare haben mir berichtet, dass sie gute Freunde werden konnten, nachdem einer von ihnen den Brief geschrieben hatte. Letztendlich konnten sie ihren Kindern auch wieder gute Eltern sein.

3. Allen anderen: Die dritte Gruppe von Leuten, denen du vergeben musst, sind *alle anderen*, die dich jemals irgendwie verletzt haben. Du musst deinen Geschwistern vergeben, die früher vielleicht einmal böse zu dir waren. Du musst deinen Freunden aus allen Altersstufen deines Lebens vergeben, wenn sie böse oder grausam zu dir waren. Du musst deinen früheren Arbeitgebern vergeben, die dich ungerecht behandelt oder entlassen haben. Du musst deinen Geschäftspartnern vergeben, die dich hintergangen und um Geld geprellt haben. Du musst jedem aus jeder Zeit deines Lebens vergeben, der dir nur einfällt, gerade wenn dich nach wie vor irgendetwas wütend macht und wenn du diesem Menschen immer noch die Schuld für etwas gibst, was er oder sie einmal getan oder unterlassen hat.

Denke auch hier daran, dass du ihnen nicht um ihretwegen vergibst. Du vergibst ihnen um *deinetwillen*. Du musst solchen Leuten nicht einmal sagen, dass du Ihnen vergeben hast. Du vergibst ihnen einfach nur in deinem Herzen. Immer, wenn du an jemanden denkst, streichst du sofort alle negativen Gedanken und wiederholst: „Gott segne ihn. Ich vergebe ihm und wünsche ihm alles Gute."

Immer wenn du an solche anderen Leute denkst, streichst du den Gedanken aus deinem Verstand, du segnest den betreffenden Menschen und du wünschst ihm alles Gute.

Unterlasse es vor allem, mit anderen (Freunden, Bekannten etc.) zukünftig noch über solche Menschen oder die Situation zu sprechen, die du loslassen wirst. Das gießt nur Öl ins Feuer und verzögert den Heilungsprozess. Stattdessen streichst du den Gedanken und verbannst ihn aus deinem Geist. Im Laufe der Zeit wirst du immer seltener an diesen Menschen denken, und dann gar nicht mehr.

4. Vergebe dir selbst: Die vierte Person, der du vergeben musst, bist *du selbst*. Du hast jetzt den Mut bewiesen, allen anderen zu vergeben, die dich je verletzt haben, nun musst du dir selbst vergeben und dich selbst ebenfalls vom Haken lassen.

Viele Menschen behindern sich in ganzes Leben lang, weil sie einmal in ihrer Vergangenheit einen Fehler gemacht haben. Das war vielleicht etwas Böses, Gedankenloses oder Grausames in ihrer Jugendzeit. Vielleicht haben sie in einer früheren Beziehung jemandem wehgetan. Vielleicht war es etwas am Arbeitsplatz, was viel Leid, Kosten und Unglück verursachte.

Wenn das auf dein Leben zutrifft, empfindest du vielleicht Reue und Bedauern. Du bist dann unglücklich und es belastet dich. Du wünschst dir dann, du hättest das nie getan. Du fühlst dich schuldig und schlecht. Diese Gefühle können dich wie Bleigewichte daran hindern, dein volles Potenzial zu erreichen. Es gibt dir das Gefühl, dass du das Gute im Leben nicht verdient hast, es bringt dich dazu, sogar deinen eigenen Erfolg zu sabotieren. Unbewusste Selbstsabotage ist wirklich sehr weit verbreitet, wie wir das beim Personal Coaching immer wieder feststellen. Wir entdecken sie ja nicht einmal bei uns selbst, weil sie evtl. schon zur Gewohnheit geworden ist, es sei denn, wir schauen wirklich sehr genau hin.

Schau also den Fröschen direkt in die Augen. Erkenne die Wirklichkeit, wie sie ist, vergebe dir und lass deine Vorstellungen los. **Für die, die hier und jetzt leben und lieben, hat die Vergangenheit keine Bedeutung.**

DU BIST NICHT MEHR DER GLEICHE MENSCH

Das ist ein wichtiger Punkt: Der Mensch, der du heute bist, und der Mensch, der das früher gesagt oder getan hat, sind *nicht* die gleiche Person. Heute bist du jemand anders. Heute bist du schlauer und erfahrener. Du würdest das, was du in deiner Vergangenheit getan hast, heute nicht mehr machen. Du kannst nicht weiterhin den Menschen, zu dem du heute geworden bist, dadurch bestrafen, dass du unentwegt bereust, was dieser andere Mensch vor so langer Zeit getan hat.

Bedauern und Reue sind kein Ausdruck von Verantwortung oder Gewissen. Tatsächlich handelt es sich um Schwächen, die dich behindern. Statt in deinem eigenen Saft zu schmoren, sagst du dir: „Ich vergebe mir, was ich getan habe, und lasse mich selbst jetzt los, weg vom Haken. Das eine war damals, und heute ist heute.“

Eine für Raho entscheidende Einsicht kam in einem Seminar, als der Lehrer ganz zum Schluss in den Raum hinein sagte: „Erleuchtung ist die Abwesenheit von Reue.“ Es braucht eine Zeit, bis man das wirklich versteht. Aber dann wird klar: Es geht nicht um Rücksichtslosigkeit! Es geht darum, die eigene Integrität zu ehren und die Vergangenheit abzuschließen. Aus ihr lernen wir, ihr danken wir, dann lassen wir sie los. Wir erlangen

Einsicht und machen es daher künftig besser. Wir verschwenden unsere Kraft und Aufmerksamkeit nicht durch Bedauern.

Immer wenn du an etwas in deiner Vergangenheit denkst, das dich nach wie vor unglücklich macht, dann vergibst du dir und lässt dich selbst vom Haken gehen. Liebe dich weiterhin, und zwar an jedem Tag ein wenig mehr. Bis du dich wirklich vollkommen selbst liebst.

BEFREIE DICH

Es geht also vielen Leuten heute noch schlecht, und sie sind immer noch unglücklich, weil irgendetwas vor vielen Jahren einmal passiert oder eben nicht passiert ist. Sie können nicht loslassen. Vielleicht hatten sie eine schwere Kindheit. Möglicherweise eine schlechte Ehe. Es kann auch ein lausiger Job oder eine Fehlinvestition sein, was sie beschäftigt. Aber was auch immer es ist, sie kleben aufgrund ihrer Unfähigkeit, zu vergeben und zu vergessen, Jahr um Jahr daran fest wie ein Dinosaurier in der Asphaltgrube.

Wenn du ein ganz normales Leben hattest, dann gab es im Laufe der Zeit seit deiner Kindheit alle möglichen Fehler und alle denkbaren Probleme mit jeder Art von Mensch. Das ist ein natürlicher und integraler Bestandteil des Menschseins.

Jetzt stellt sich nur eine einzige Frage: „Willst du dich darüber erheben und das wirklich hinter dir zurücklassen, in dem du dir dafür früh und oft vergibst, oder lässt du dich davon beschweren und dich immer behindern?“

DER WENDEPUNKT

Noch ein wichtiger Punkt: Viele Leute sind relativ schnell damit einverstanden, dass sie allen Menschen, die sie in ihrer

Vergangenheit verletzt haben, vergeben wollen und werden. Gleichzeitig aber, wie ein Kartenspieler, der noch ein Ass im Ärmel hat, verstecken sie einen kleinen Bereich, in dem sie sich weigern zu vergeben. Sie sind entschlossen, praktisch jedem zu vergeben, der ihnen nur in den Sinn kommt, aber dieser eine Mensch, der ihnen so sehr wehgetan hat, den lassen sie nicht gehen.

Wenn du dich aber an diese *eine* negative Emotion klammerst, weil du dich weigerst, diesem Menschen oder dem, was sich damals ereignet hat, zu vergeben, dann untergräbt und zerstört das all deine Träume und Hoffnungen hinsichtlich deiner Gesundheit, deines Glücks und deiner persönlichen Erfüllung.

DER HAUPTSTOLPERSTEIN

Stell dir vor, du hättest dir ein brandneues Luxusauto gekauft, ein Meisterwerk deutscher Ingenieurskunst und und mit Präzision und neuester Technik bis ins Detail. Es gibt nur ein winziges Problem. An der Werkstraße wurde ein kleiner Fehler gemacht, ein einziges Bauteil falsch eingesetzt. Jetzt blockiert eines der Vorderräder jedes Mal, wenn du aufs Gaspedal trittst. Jetzt stellst du dir vor, dass du dich in dein brandneues, wunderschönes und extrem teures Auto setzt, den Zündschlüssel drehst und aufs Gas drückst. Was geschieht, wenn eines der Vorderräder blockiert ist? Antwort: Das Auto dreht sich um dieses Vorderrad im Kreis. Die Hinterräder treiben es an, aber es dreht sich immer nur im Kreis. Du kommst nicht voran.

Das ist der Punkt. Es braucht nur eine einzige unbewusste Blockade deines Bewusstseins – eine einzige negative Emotion oder Erinnerung an ein früheres, schmerzhaftes Erlebnis –, das du nicht vergeben kannst, und dein ganzes Leben dreht sich ununterbrochen im Kreis. Ganz gleich, wie hart du äußerlich arbeitest, du machst einfach nicht den Fortschritt – in deinem

Familienleben, als Elternteil, in der Karriere, bei der Gesundheit oder deiner finanziellen Lage –, den du machen könntest und solltest. Je härter du äußerlich arbeitest, desto geringer fällt dein Fortschritt aus und desto unzufriedener wirst du.

In der Psychotherapie, bzw beim Coaching hat ein Klient einen Hauptstolperstein, der tief in seinem Bewusstsein verborgen liegt, und der sich in den Gefühlen von Wut, Depressionen, Reizbarkeit, Egoismus, Arroganz, Unsicherheit und Wertlosigkeit äußert. Bei dem Prozess geht es darum, wie bei einer Zwiebel Schale um Schale aus Verwundung abzuziehen, bis der Hauptfaktor bloßgelegt ist, der die Entwicklung hemmt und behindert. Ist dieser Faktor erst einmal gefunden und behandelt, wird der Klient plötzlich frei.

ÜBUNG

Denke an deine Vergangenheit und finde das schlimmstmöglichste Ereignis, dass dich immer noch zu Schuldgefühlen, Wut oder Minderwertigkeitsgefühlen bringen könnte. Du brauchst enorme Kraft, um dich dieser negativen Erfahrung zu stellen. Vielleicht bittest du einen sehr guten Freund um Hilfe, jemanden, dem du völlig traust, oder auch einen professionellen Coach. Setze dir einen Termin, an dem du das gründlich und zur Gänze erledigen willst. Bleibe dabei entspannt.
Wenn du zurückdenkst und diese eine Erfahrung freilegst, die dich immer noch heimsucht, fragst du dich: „Unter welchen Umständen geschah das?“ Wenn du in deine Vergangenheit reisen und mit dem Menschen reden könntest, der du damals warst, welchen Rat würdest du dir in deiner Lage geben? Welche Lektion hat dir diese Erfahrung erteilt, die du sonst nie gelernt hättest? Entdeckst du in der Erfahrung etwas Wertvolles oder einen Hoffnungsschimmer?

ENTSCHULDIGE DICH BEI DEN ANDEREN

Das letzte Stadium der Vergebung benötigt erneut eine enorme *Stärke des Egos* und des Selbstvertrauens. Jetzt musst du jemanden um Vergebung bitten, den du verletzt hast und wegen dem du noch Schuldgefühle hegst. Jetzt nimmst du all deinen Mut zusammen und entschuldigst dich bei diesem Menschen, dem du wehgetan hast.

Wegen der enormen Kraft der Rechtfertigung, Identifikation, Rationalisierung und Hypersensibilität, die sich dann gegen dich richten können, wenn du es tust, kann einen die Vorstellung, sich bei jemandem zu entschuldigen, extrem stressen. Wenn du dich aber aufrichtig von etwas befreien willst, was du in der Vergangenheit getan hast und weswegen du dich (irgendwo tief innen) noch immer schlecht fühlst, dann führt ja gar kein Weg an einer Entschuldigung vorbei. Du hast keine Wahl, außer dich zu entschuldigen.

Bevor du das also machst, schützt du dich mit liebender Bewusstheit. Stelle sicher, dass du dich liebst, indem du dir sagst: „Ich liebe mich", bis du es wirklich spürst.

Dann erweiterst du deine Liebe und dein Verständnis zu anderen Menschen, so wie die Eltern ihre Liebe dem Kind senden, wie bei echten Freunden diese ruhige, klare und positive, konstruktive Liebe fließt, die im Grunde ein Wohlwollen für alle Menschen enthält. Das ist ein sehr bewährtes Mittel, wenn es um Gefühle von Verletzung und altem Schmerz geht. Je mehr du dich und andere liebst, bevor du diesen Prozess anstößt, desto leichter und besser meisterst du diesen Prozess.

MACH ES EINFACH

Glücklicherweise kann es aber auch ein ganz simpler Vorgang sein. Du könntest jetzt sofort den anderen Menschen anrufen und dann sagen:

„Hallo, hier spricht (eigener Name). Ich wollte dich nur anrufen, um dir zu sagen, dass mir Leid tut, was geschehen ist. Ich hoffe, du kannst mir vergeben."

Es kommt nicht darauf an, wie der andere reagiert. Vielleicht explodiert er vor Wut. Vielleicht schmeißt er den Hörer hin. Überraschenderweise sagt so jemand aber oft: „Ich bin echt froh, dass du angerufen hast. Ich nehme deine Entschuldigung an. Warum treffen wir uns nicht bald einmal zum Essen?"

Ich habe oft erlebt, dass Leute, die sich seit Jahren entfremdet hatten, wieder zusammen trafen und gute Freunde wurden, weil einer von ihnen die Charakterstärke aufbrachte, anzurufen und sagte: „Es tut mir Leid"

Es mag in manchen Fällen sogar noch besser sein, den anderen zu besuchen und es ihm persönlich zu sagen. Zumindest aber kannst du dich hinsetzen und einen Entschuldigungsbrief schreiben und abschicken, sei es per Post oder als eine E-Mail.

WIDERSTEHE DER VERSUCHUNG

Beachte beim Entschuldigen: Widerstehe der Versuchung, deine Version der Vorfälle zu erzählen, dich zu verteidigen oder dein Verhalten zu rechtfertigen. Akzeptiere deine Verantwortlichkeit und sage: „Es tut mir Leid" und belasse es dabei. Würdest du anfangen, dein Verhalten zu rechtfertigen oder zu rationalisieren, dann gerätst du leider in die Gefahr, alles wieder „zurücknehmen". Das untergräbt dann nur den ganzen Zweck der Übung, deiner Entschuldigung, die dich ja befreien soll.

Wenn du das Gefühl hast, dass das nötig ist, bietest du schließlich eine Entschädigung oder Wiedergutmachung an. Sei großzügig. Denke daran, dass du im Leben zwar viele Fehler machen wirst, *aber nie zu gut oder zu fair sein kannst.*

Deine Fähigkeit der frühen und häufigen Vergebung, dir selbst und anderen gegenüber, und deine aufrechte Weigerung, irgend jemand gegenüber irgendwie böse oder negativ eingestellt zu sein, machen dich zu einem Engel. Die Vergebung setzt dich frei, sie befreit deine Kraft und macht dich zu einem durch und durch positiven Menschen. Probiere es aus und erkenne es selbst.

ÜBUNG

Nimm dir einen Menschen aus deiner Vergangenheit, der immer noch Wut und negative Emotionen in dir auslöst, wenn du an ihn oder sie denkst. Suche dir die schlimmste Erinnerung aus.

Setzte diesen Menschen und dieses Gefühl der Wut und Schuldzuweisung als Testobjekt ein. Von diesem Augenblick an vergibst du diesem Menschen jedes Mal, wenn er oder sie dir in den Sinn kommt. Akzeptiere deine Teilverantwortung für das, was vorgefallen ist. Segne, vergebe und wünsche ihm oder ihr alles Gute, bis sich sämtliche Wut und Negativität in dir aufgelöst hat und verflogen ist wie Rauch im Wind.

Dann erstellst du eine Liste aller Menschen, auf die du villeicht immer noch böse bist. Gehe die Liste durch und vergebe jedem, bis du völlig ruhig, entspannt und beruhigt bist. Erwähne sie nie wieder.

KAPITEL 12 – SIEBEN SCHLÜSSEL ZU EINER POSITIVEN PERSÖNLICHKEIT

„Führe Menschen zur Motivation, indem du sie zur Quelle ihrer eigenen Kraft führst.“
(Paul G. Thomas)*

Wir wissen heute, dass sich unsere *Ernährung* sehr stark auf unsere Gesundheit und Kraft auswirkt. Isst du frische, gesunde, qualitativ hochwertige Nahrungsmittel und lässt das beiseite, was schlecht für dich ist, wirst du kraftvoller, generell resistenter gegen Krankheiten, schläfst besser und fühlst dich gesund und glücklich. Ebenso bestimmt deine *mentale Nahrung* deinen Charakter und deine Persönlichkeit und praktisch alles, was dir im Leben zustößt. Fütterst du deinen Verstand mit positiven Gedanken und Ideen, mit Informationen, Büchern, Gesprächen und Audioprogrammen, entwickelst du eine positivere und effektivere Persönlichkeit. Du hast mehr Einfluss auf deine Mitmenschen und überzeugst sie leichter. Du genießt ein höheres Selbstwertgefühl und hast viel mehr Selbstvertrauen.

Bei Computern verwendet man den Ausdruck „GIGO“ oder *„garbage in, garbage out“*. Packst du Schrott rein, kommt auch

*amerikanischer Autor.

Schrott raus. Aber andersherum stimmt es genauso. „Gutes rein, heißt Gutes raus."

Wenn du die klare und eindeutige Entscheidung triffst, dass du nun die vollständige Kontrolle über deinen Geist übernimmst, alle negativen Emotionen und Gedanken eliminierst, die dich in deiner Vergangenheit behindert haben, und zu einem vollkommen positiven Menschen wirst, dann kannst du deine persönliche Transformation tatsächlich selbst einläuten.

SEI DAS BESTE, WAS DU SEIN KANNST

Mentale Fitness gleicht der physischen Fitness. Durch genug Übung und Training wirst du einen hohen Grad an Selbstwertgefühl und eine gesunde geistige Haltung entwickeln. Und dazu kann man sich dise sieben Schlüssel merken, um ein durch und durch vollkommen positiver Mensch zu werden:

1. Positive Selbstgespräche: Sprich positiv mit dir selbst, beherrsche deinen inneren Dialog. Setzte positive, in der Gegenwart und persönlich formulierte Affirmationen ein wie:

„Ich liebe mich!", „Ich schaffe das!" ,„Ich fühle mich toll!" oder „Ich bin verantwortlich!"

Volle 95 Prozent deiner Emotionen legt die Art und Weise fest, wie du über dich selbst im Laufe des Tages sprichst. Dazu gehört auch das automatische Gerede, das sich in deinem Unterbewusstsein abspielt. Es ist nunmal eine traurige Tatsache, dass – wenn du nicht absichtlich und bewusst positiv und konstruktiv mit dir selbst sprichst – du automatisch auf den alten Standardeinstellungen eingestellt bleibst, die dich unglücklich machen oder die dir Sorgen und Ängste verursachen. Wir haben das ja schon erklärt.

Denke immer daran: Dein Geist gleicht einem Garten: Entweder wächst Unkraut oder es wachsen Blumen. Pflanzt du aber keine Blumen, die du hegst und gießt, dann wächst das Unkraut wieder ganz von allein. So viele Menschen haben negative

Gedanken und die Medien sind voller schlechter Nachrichten. Finde das Gute in der Welt und mehre die guten Gedanken in dir durch bewusste, positive Selbstgespräche, um deine bewussten Gedanken und deine Bewusstheit zu lenken und zu führen.

2. Positive Visualisierung: Es ist vielleicht die mächtigste Fähigkeit überhaupt wenn man seine Ziele als bereits erreicht fühlen und innerlich sehen kann: visualisieren!

Erzeuge ein klares, spannendes Bild deines Ziels und deines idealen Lebens, mit Gefühl, Geschmack, Geruch und Ton, wie ein lebendiger Film wenn du kannst und magst, und spiele das dann immer wieder vor deinem geistigen Auge ab. Jede Verbesserung in deinem Leben beginnt mit einer Verbesserung deines geistigen Bildes, deiner Vorstellung von dem Zustand und dem Sein, wo du ankommen möchtest. Wie du dich innen „siehst", so „wirst" du im Außen.

3. Positive Menschen: Mehr als jeder andere Faktor trägt die Auswahl der Menschen, mit denen du lebst, arbeitest und deine Zeit verbringst dazu bei, wie gut es dir geht und wie erfolgreich du bist.

Entscheide noch heute, dass du dich mit Gewinnern zusammentust, mit positiven Menschen, mit glücklichen und optimistischen Menschen in Kontakt bist, die etwas mit ihrem Leben anzufangen wissen. Finde heraus, wie du das ab sofort ansteuerst, von diesem Augenblick an, und entscheide dich dafür, jeden Tag und jede Woche positive Menschen zu treffen und dich mit ihnen zu unterhalten.

Weiche negativen Menschen unter allen Umständen aus. Negative Menschen sind die Hauptquelle der meisten Quellen von Unglücklichsein im Leben. Entschließe dich, dass du von heute an niemanden mehr in dein Leben lässt, der nur Stress verursacht oder einfach zu negativ ist. Halte Abstand, halte dich fern und schlage einen anderen Weg ein.

Achtung: Lerne, zwischen einer negativen Einstellung zu jemandem und negativen Menschen im Allgemeinen zu unterscheiden. Beurteilst du Menschen negativ, wirst du Negatives mit ihnen erleben, und das nur, weil **du** unbewusst dafür sorgst.

4. Positive Geistesnahrung: So wie dein Körper in dem Maße gesund ist, wie du gesundes, nahrhaftes Essen zu dir nimmst, so ist dein Geist in dem Maße gesund, in dem du ihn mit „mentalem Eiweiß“ statt mit „mentalen Süßigkeiten“ fütterst.

Lies Bücher, Zeitschriften und Artikel, die dich etwas lehren, die dich inspirieren oder motivieren. Gib deinem Geist Informationen, die ihn erheben und die dich glücklich und zuversichtlicher in Hinblick auf dich und die Welt machen.

Höre positive, konstruktive CDs und Audioprogramme im Auto und auf deinem MP3-Player oder iPod. Füttere deinen Geist und Verstand ununterbrochen mit positiven Botschaften, die dich besser denken und handeln und in deinem Bereich kompetenter werden lassen.

Betrachte positive und lehrreiche DVDs, Lehrprogramme im Fernsehen und anderes erfreuliches Material, bei dem du dich mit dir und deinem Leben besser fühlst.

5. Positives Training und Entwicklung: Fast jeder in unserer Gesellschaft fängt mit begrenzten Mitteln an, manchmal sogar ganz ohne Geld. Fast jeder Millionär hat angefangen, indem er eine persönliche Dienstleistung anbot. Jeder, der heute an der Spitze steht, war früher einmal ganz unten. Manchmal sind die Erfolgreichen mehrmals tief bis auf den Boden abgestürzt.

Was dich vom Tellerwäscher zum Millionär bringt, vom armen Menschen zum reichen, vom Minderleister zum Erfolgsmenschen, der finanziell unabhängig ist, das sind die Wunder, die aus lebenslangem Lernen und persönlicher Weiterentwicklung erwachsen.

Jim Rohn* sagte: „Die Schulbildung ermöglicht dir dein Leben, deine eigene Weiterbildung dein Vermögen."

Widmest du dich deiner Ausbildung und deinem Wachstum und wirst bei deinen Gedanken und Taten besser und effizienter, dann übernimmst du die Lenkung über dein Leben und beschleunigst dramatisch die Geschwindigkeit, in der es immer weiter nach oben geht.

6. Positive Gesundheitsgewohnheiten: Achte extrem gut auf deine physische Gesundheit. Entscheide dich noch heute dafür, dass du 80, 90 oder 100 Jahre alt wirst und dann am Abend immer noch tanzt.

Nimm so richtig gute Nahrung zu dir, die gesund und nahrhaft ist, iss wenig und ausgewogen. Die richtige Ernährung wirkt sich sofort positiv auf deine Gedanken und Gefühle aus.

Entschließe dich, von nun an regelmäßig Sport zu treiben und dich mindestens 200 Minuten, also dreieinhalb Stunden pro Woche zu bewegen, indem du läufst, schwimmst, Fahrrad fährst oder ins Fitnessstudio gehst. Treibst du regelmäßig Sport, geht es dir besser, du fühlst dich glücklicher, gesünder und bist seltener gestresst oder erschöpft als ein Mensch, der auf der Couch hockt und den ganzen Tag ins Fernsehen schaut.

Für alle die, die nicht glauben dass das einfach sein könnte: Du musst nur eine Art Bewegung oder Sports finden, die dir wirklich Spaß macht. Vielleicht schaffst du dir einen Hund an, mit dem du zwei Mal am Tag Spazieren gehst, oder du fährst mit dem Fahrrad zur Arbeit oder gehst zumindest in der Mittagspause draußen spazieren oder nimmst die Treppen im Büro anstelle des Fahrstuhls. Vielleicht findest du eine für dich ganz neue Sportart, die dir ungewöhnlich viel Spaß macht, wie Trampolinspringen, Skateboarding oder Einradfahren. Mache einfach das, wobei du dich mit ganz viel Freude bewegst, selbst wenn du es nur am Wochenende machen kannst, kombiniere es vielleicht mit Wellness in der Sauna. Kaufe gute neue Laufschuhe oder besuche ein für dich neues Fitness-Studio, das dir gefällt.

**1930 – 2009, berühmter U.S.-Motivationstrainer.*

Außerdem wichtig: Sorge für immer ausreichend Ruhe und Entspannung! Besonders bei Stress und lang dauernden anstrengenden Zeiten ist es sehr wichtig, seine Arbeitszeiten durch Ruhe und Entspannung auszugleichen.

Das geben viele Menschen ja gar nicht gerne zu, doch manche der größten Leistungen gründen sich auf Einsichten, die im Zustand der Entspannung entstanden, in denen es nur ums eigene Wohlergehen ging. Also: Du solltest deine Batterien unbedingt regelmäßig aufladen, erst recht und ganz besonders in stressigen und schweren Zeiten.

Vince Lombardi* sagte einmal: „Die Erschöpfung macht aus jedem einen Feigling."

Faktoren, die uns negative Emotionen jeder Art einbringen können, sind schlechte Gesundheitsgewohnheiten, Erschöpfung, mangelnde Bewegung und pausenlose Arbeit. Der Grund ist ganz einfach: Hast du Stress, ist dein Körper vollgepumpt mit Stresshormonen. Die verbrennst du nicht richtig, wenn du deinen Stoffwechsel nicht durch körperliche Bewegung antreibst. Unsere Körper sind seit Tausenden von Jahren darauf programmiert, auf Stress mit Flucht oder Kampf zu reagieren. Adrenalin hält uns wach und ermöglicht uns unter Druck die optimale Kreativität und Aufmerksamkeit. In der Natur werden Stresshormone durch schnelle Fluchtbewegungen aufgebraucht. Bewegen wir uns aber nach Zeiten mit viel Stress nicht ebenso aktiv, dann akkumulieren die Stresshormone sich in unserem Blut und verhindern irgendwann sogar, dass wir ausruhen und uns richtig entspannen können – und man bekommt Schlafprobleme. Du musst nicht unbedingt so sehr ins Schwitzen kommen, denn verschwitzt kannst du ja nicht ins Büro zurück. Aber 20 bis 30 Minuten schnelles Gehen in einem Park oder nach dem Abendessen sind ein guter Anfang und verbrennen die überflüssigen Stresshormone.

*1913 – 1970, erfolgreichster amerikanischer Footballtrainer.

Versuche dein Leben als in einer Art perfekter Balance, sehr ausgeglichen zu führen. Höre auf deinen Körper, werde dir deiner Bedürfnisse bewusst und entspanne dich oft, meditiere am besten täglich einmal ganz kurz, aber doch sehr regelmäßig – und sei es nur bei einem Glas Tee für ein paar stille Minuten. Genieße ein gutes und ereignisreiches Privatleben als Fundament für dein Glück und deinen Erfolg im Geschäftsleben.

7. Positive Erwartungen: Dies ist eine der effektivsten Techniken, um ein positiverer Mensch zu werden und dir positivere und bessere Ergebnisse im Leben zu sichern.

Deine Erwartungen werden zu sich selbst erfüllenden Prophezeiungen. Was immer du mit innerer Zuversicht im Leben eintreffend erwartest, scheint in dein Leben zu kommen.

Da du deine Erwartungen lenken kannst, solltest du immer nur das Beste erwarten. Erwarte bereits von Vornherein, dass du erfolgreich sein wirst. Wenn du neue Menschen kennenlernst, erwarte, dass sie dich mögen. Erwarte, dass du hohe Ziele erreichst und dir ein wunderbares Leben schaffst. Wenn du immer erwartest, dass sich tolle Sachen ereignen, wirst du selten enttäuscht werden. Verstehe das aber nicht falsch. Es geht nicht darum, nur so zu tun als ob, sondern darum, die verschiedenen Aspekte nach dem zu messen, was du realistisch erwarten kannst. Erwarte nicht, der beste Verkäufer in deiner Firma zu werden, wenn du nicht lernen willst, wie man ein erfolgreicher Verkäufer wird. Aber erwarte das bestmögliche Ergebnis in den Bereichen, die du wirklich gerne machst, und konzentriere dich dort darauf, der Beste zu werden – und dann erwarte genau da das Beste für dich. Das wird dich immer stärker motivieren und inspirieren, dabei erschaffst du immer mehr von der Wirklichkeit, die deine Erwartungen spiegelt.

SCHLUSSFOLGERUNGEN – HANDLE JETZT

Handlung ist gefordert! Entscheide dich jetzt, diese Ideen umzusetzen, deine Frösche zu küssen, die unangenehmen Situationen des Lebens anzugehen und ein vollkommen positiver, glücklicher und gesunder Mensch zu werden.

1. Verstehe und akzeptiere, dass du grundsätzlich ein guter Mensch mit einem enormen, und wirklich (realistisch) kaum vorstellbaren Potenzial für ein außergewöhnliches Leben bist.

2. Spüre die Frösche in deinem Leben auf, die negativen Menschen, Situationen und Erinnerungen, die dich im Teich der negativen Emotionen festhalten.

3. Entscheide dich ab sofort dafür, dass du jede negative Situation in deinem Leben angehst und sie ein für alle Mal **beendest**.

4. Identifiziere die Faktoren, die bei dir zu negativen Emotionen führen, insbesondere Wut, und beginne, dein Denken in jedem dieser Bereiche zu ändern. Wiederhole die Sätze: „Ich bin verantwortlich“ und „Ich liebe mich“ immer wieder, bis sie zu einem festen Bestandteil deiner Persönlichkeit geworden sind.

5. Akzeptiere dich selbst bedingungslos und baue jeden Tag dein Selbstvertrauen auf, indem du dir immer wieder vorsagst: „Ich mag mich!“ „Ich mag mich wirklich sehr“

6. Höre endgültig auf. dich zu kritisieren oder zu verurteilen oder irgendjemandem die Schuld zu geben. Stattdessen akzeptierst du die volle Verantwortung für alles, was DU erlebst, was du bist oder sein wirst.

7. Entscheide genau, was du wirklich im Leben willst. Besuche Seminare, suche dir einen Coach oder nimm an Trainings und Ausbildungen teil, um dir wirklich klar darüber zu werden und einen roten Faden für deine Lenkung zur Verwirklichung deiner Lebensaufgabe zu haben*. Und dann denke und rede von da an immer davon. Arbeite so hart daran, das zu erreichen, was du wirklich liebst und was dir wirklich wichtig ist, dass du keine Zeit mehr dafür hast, an die Frösche zu denken, die dich (früher vielleicht einmal) daran hindern könnten.

8. Befreie dich von Schuldgefühlen, indem du dich weigerst, dass dich der Frosch aus dem Sumpf der Schuldgefühle manipuliert. Ersetze Schuldgefühle durch Achtsamkeit und Bewusstheit. Gib in deinem Leben nie mehr irgendjemandem die Schuld an irgendetwas.

9. Finde in jedem Problem, jeder Schwierigkeit oder jedem Frosch etwas Gutes. Es gibt immer einen Weg, daraus deinen Nutzen zu ziehen.

10. Finde in jedem Fehlschlag oder Hindernis die wertvolle Lektion. Versuche, aus jedem Problem, dass sich dir stellt, aus jedem Frosch, mit dem du zu tun hast, etwas zu lernen.

11. Behandle jeden, den du triffst so, als wäre es der wichtigste und bedeutendste Mensch der Welt, der schmuckste Prinz oder die schönste Prinzessin. Je öfter du das machst, desto mehr

**Ein perfektes Audio-Seminar dafür ist „Thinking Big“ auf 6 Audio CDs von Brian Tracy*

wirst du herausfinden, worauf du dich in deinem Leben als nächsten konzentrieren solltest. Versuche, mehr Freude und Liebe in dein Leben zu bringen, um den Erfolg zu schaffen, den du willst.

12. Übe die sieben Schlüssel, um ein wahrhaft positiver Mensch zu werden. Setze dein ganzes Potenzial frei, um zu all dem zu werden, was du sein kannst.

Du bist ein von Grund auf guter Mensch. Du bist geradezu geschaffen, um erfolgreich zu sein und Großes zu erreichen. In dir steckt mehr Talent, als du in 100 Leben benötigen würdest. Es gibt praktisch nichts, was du nicht erreichen kannst, wenn du es nur lange und entschlossen genug willst und bereit bist, dafür zu arbeiten.

Der beste Weg zu wachsen, ist die Saat der Größe zu finden, die in deiner Seele steckt, und die einzigartig ist. Lerne, dich selbst völlig zu lieben! Du bist es wert und du schuldest es dir, dass du deinem wahren Selbst gerecht wirst. Die beste Anleitung kommt aus dir selbst, wenn du nach der natürlichen Freude in deinem Herzen suchst. Frage dich immer wieder: Was bringt mich stets zum Lächeln, wenn ich mir selbst treu bleibe? Was motiviert dich zum gegenwärtigen Zeitpunkt in deinem Leben am meisten?

Indem du dich und die anderen liebst, die du in deinem Leben brauchst oder die du in deiner Nähe magst, sicherst du, dass du eine Quelle der positiven Impulse bist. Du bringst Freude und Liebe in dein Leben, je mehr du dich selbst liebst und sicherstellst, dass du Freude ausstrahlst. Das entzündet eine unbändige Kraft und erzeugt so starke Wellen, das du mit immer mehr Menschen wunderbare Freundschaften und großartige Beziehungen eingehst. Du schaffst dir ein wahrlich und völlig erfüllendes Leben.

Hast du gelernt, deine mentalen Bremsen loszulassen, vergibst du allen, die dich irgendwann wie auch immer verletzt haben und widmest dich der Aufgabe, zum besten Menschen zu werden. Du übernimmst die völlige Kontrolle über dein Schicksal in deinen Beziehungen, im Privatleben und bei der Arbeit. Du maximierst all deine Fähigkeiten und machst dich auf den Königsweg zu Gesundheit, Glück, liebevollen Beziehungen, maximaler Leistung und völliger Erfüllung.

SCHLUSSWORT VON RAHO J. BORNHORST

Beim Verfassen von Kapitel 9, wo es um die Auflösung all jener unbewusst negativer und belastender Gefühle von Schuld geht, und insbesondere bei den Einsichten in Kapitel 10, habe ich immer wieder gedacht: Warum hat man uns das eigentlich denn damals in der Schule nicht alles beigebracht? Denn im Prinzip ist das hier ja überhaupt nicht schwer zu verstehen!

Damals waren Eltern und Lehrer einfach nicht in der Lage, weil sie diese Wahrheiten selbst noch nicht kannten, geschweige denn vermitteln konnten. Es gab nur wenige Psychologen, Autoren und Lehrer, die das zuerst noch erforschen und mit vielen Menschen ausprobieren mussten, bis man erkannt hatte, dass es auch hier Gesetzmäßigkeiten gibt, die jeder Mensch nutzen kann, um sich systematisch und absolut effektiv selbst befreien zu können.

Heute gibt es viele Experten, die solche Ideen und Gedanken verfolgen und verbreiten, die bewusst machen, wie man sich frei machen und die größten eigenen Erfolge erreichen kann. Doch sehr vieles erschließt sich nur in persönlichen Erfahrungen. Manches muss man sich in einer Art „geheimer" persönlicher Einweihung erarbeiten, um es zu verstehen, es erleben und auch fühlen zu können. Oft überträgt sich ein gewisses Bewusstsein an Freiheit erst in kleinen Gesprächsrunden. Aber auch das wird sich zukünftig (hoffentlich bald) weiter verändern.

Ich denke, dass sehr viel von dem, was Brian und ich hier in diesem Buch beschreiben und erklären, jetzt allmählich bald auch im gebräuchlicheren Wortschatz des Alltags auftauchen wird. Verglichen mit dem, was man vor 20 Jahren in Erfahrung bringen konnte, sind wir heute schon sehr lange und sehr weit über die Schwellen zu Wissensgebieten und Weisheiten getreten, die vor noch gar nicht so vielen Jahren nur wenigen Experten bzw. Eingeweihten vorbehalten waren.

Früher waren die Menschen noch nicht bereit, so lange und so viel zu lernen, weil wir früher noch nicht alle so viel Wissen und Weiseheiten weltweit sammeln und öffentlich anbieten konnten. Früher hatten die „Machthaber" ja auch nicht gewollt, dass so ein Bewusstsein an alle vermittelt wird. Denn kleingeistiges Denken, innere Beschränkungen und emotionale Behinderungen, von denen wir uns heute frei machen können, haben früher in den Händen der Herrschenden dazu gedient, dass diese an der Macht bleiben, und dass die „kleinen" Geister klein gehalten werden konnten, damit sie gehorchen und ihre Steuern bezahlen. Durch Angst und Schuldgefühle und begrenzende Glaubensvorstellungen waren die Menschen einfacher zu steuern zu besteuern. Aber das dürfte nun Vergangenheit werden, weil wir alles im Internet finden und lesen können. Wir müssen es nur noch verbreiten und gebrauchen.

Ich wünsche mir von ganzem Herzen, dass es möglichst viele Millionen Menschen lesen und ausprobieren, was wir wissen und vermitteln können. Denn es funktioniert! Und es bedeutet Freiheit für alle Menschen, mehr Liebe, Glück und Erfolg für jeden, der daran arbeiten will.

Brian schrieb vor diesem Buch schon 54 Bücher. Er ist einer der großen bedeutenden Lehrer unserer Zeit, dessen Untersuchungen von über 3.300 Forschungen zum Thema „Erfolg" und dem Herausfinden von „Gesetzmäßigkeiten menschlichen Erfolg" die Sicherheit brachten, dass es wirklich so etwas wie

Erfolgsgesetze gibt, die jeder Mensch erlernen und benutzen kann. Wie 5 Millionen anderer Menschen habe auch ich von ihm gelernt, dass jeder Mensch beruflich (wirtschaftlich, finanziell) erfolgreich werden kann, und wie es geht. Und dafür bin ich ihm immer dankbar. Von ihm habe ich es auch gelernt.

Aber mir selbst fehlte etwas. 20 Jahre lang wusste ich nur, dass irgendetwas fehlte, selbst als ich schon recht viel Geld verdient habe. Ich war nie ganz sicher, und mein Bewusstsein sagte mir: Es muss doch noch etwas geben, das mich innerlich wirklich frei sein lässt, das mich in allen Bereichen meines Lebens erfüllen würde.

Manche nennen es Spiritualität, was mir fehlte. Ich nenne es ein ganzheitliches Bewusstsein. Denn es umfasst alles, was man als Mensch sein eigenes Erleben nennen kann. Intuition, ein feines Gespür für Realitätssinn, echte Gefühle von Selbstliebe sowie Respekt und Liebe zwischen mir und anderen Menschen gehört dazu. Wohlwollen für alle, Achtsamkeit für sich selbst und andere, Mitgefühl, innere Freiheit und freigeistige Entwicklung, die jeder Mensch haben und jenseits von Arbeit und Beruf in sich finden kann, wenn man nur danach sucht. Ich fand immer, dass das wirklich jeder Mensch haben sollte – und musste doch so viele Jahre danach suchen, bevor ich es so weitergeben konnte, dass man es nutzen und gebrauchen kann, um sofort praktische Erfolg damit zu haben. Was ich durch eine enorme Investition an Zeit und Geld in Hunderten von Seminaren und Ausbildungen bei eben so vielen Lehrerinnen und Lehrern gewonnen habe, lässt sich heute tatsächlich sehr schnell und erfolgreich nutzen.

Fazit: Man kann nicht nur durch Erfolgsgesetze lernen, wie man Geld verdienen kann. Es gibt auch geistige Gesetzmäßigkeiten, die unabhängig von wirtschaftlichem Erfolg immer gelten und die jeder Mensch kennen lernen und anwenden kann.

Ich wollte schon immer, dass man so etwas in der Schule lernen kann. Denn ich fand es selbst unglaublich, dass man in einem verhältnismäßig privilegierten Leben, wie wir es alle in Europa seit vielen Jahrzehnten ohne Krieg haben, tatsächlich nicht wusste, wie man zu einem glücklichen und erfüllten Leben hin navigiert. Und doch ist es realistisch und machbar, wenn man „alles" berücksichtigt, was für einen selbst als Individuum zum Glück dazu gehört.

Alle Menschen erleben immer wieder ein Auf und Ab im Leben, und denken, dass man das in Zukunft vielleicht „abstellen" können sollte. Aber ich habe gelernt, dass das Leben eben so ist, wie es ist. Alles kommt und geht, wie die Wellen am Meeresufer, wie die Jahreszeiten und wie eine Generation die nächste ablöst. Man muss nur lernen, mit all diesen verschiedenen Wellengängen im Leben umzugehen. Wir sind der Kapitän des eigenen Schiffes. Und wir sind gut beraten, manchmal besser im Hafen zu bleiben, wenn es zu sehr stürmt, und sich auf jene Zeiten vorzubereiten, wenn wir von einem Sturm erwischt werden. Wenn wir Freunde und andere Reserven und Rücklagen brauchen. Nur dann gewinnen wir die echte Unabhängigkeit, die wir alle haben können.

Ganzes, ganzheitliches Bewusstsein, bedingungslose Liebe und vollkommener innerer Friede, höchstes Glück und Erfüllung bis in den tiefsten Urgrund der Seele: All das ist im Prinzip in jedem Menschen angelegt, als Potenzial natürlich schon da, wenn wir als Baby geboren werden. Doch jeder muss das selbst für sich erkennen und realisieren. Und jeder kann es.

Ich habe es gesucht und gefunden - und immer wieder überprüft. Alles, was ich gesucht hatte, ist real vorhanden und reproduzierbar. Jeder kann es haben und fühlen und erleben. Man muss es allerdings erst erlernen, wie Fahrradfahren oder Schwimmen, und sich übertragen lassen, was man dazu braucht. Dann kann und wird jeder sein Glück und seinen Erfolg selbst finden.

Was ich hier auf Brian´s Einladung als sein Co-Autor weitergeben darf, haben schon Hunderte und Tausende Menschen auf der ganzen Welt erlebt und im privaten Leben weitergegeben. Es wird Zeit, dass wir es auch im öffentlichen Leben ausleben und verbreiten. Also hoffe ich, dass sich die sachliche, rationale Grundlage, dieses nachvollziehbare Know-How verbreiten lässt, das mit der Nutzung der vielen Übungen und Beispiele dieses Buches zu ganzheitlichem Bewusstsein führt, indem wir es allen nahe legen, die auch frei sein wollen.

Wir stehen sachlich am Aufbruch in ein anderes Bewusstseinszeitalter, wie es die Finanzkrise („Occupy Wallstreet" etc-) und die Veränderung von alten, überholten Regierungssystemen (Sowjetunion unter Gorbatschow, arabische Länder, Griechenlandkrise etc.) immer mehr in den Nachrichten zeigen. Die Menschen wollen immer mehr Freiheit und Selbstbestimmung. Innerlich wissen wir es schon lange, und oft zeigt es sich im Außen erst dann, wenn vieles zerbricht, was nicht mehr zum aktuellen Fluss der Zeit passt.

Es sind nicht mehr nur Könige und Präsidenten, die bestimmen, wo wir Menschen uns hin entwickeln. Es sind Einzelne, ganz bewusste, aktive Impulsgeber, die die Welt verändern. Es sind Hunderte und Tausende von YouTube-Filmchen, es sind neue Musiker und Autoren, sehr bewusste Lehrer und Führer, die mit Inspiration und Weisheit, mit Humor und Freude und Liebe zu neuen Einsichten führen, die unsere Sicht verändern. Wir inspirieren uns im Prinzip alle gegenseitig immer besser. Wir müssen nur beschließen, die Wahrheiten und Erkenntnisse, die wir selbst spüren und erfahren, sehr konsequent in unseren Alltag zu tragen. Und das ist mein Plädoyer: Verbreitet und verschenkt die Einsichten, Übungen und Ideen, die ihr selbst aus diesem Buch gewonnen habt. Lasst jeden daran teilhaben, der bisher nur jammert, und sagt weiter, wie man ein Stück mehr Freiheit gewinnt, und „verratet" jedem, wie es geht.

Vielleicht dauert es noch viele Jahre, bis das für jedes Kind selbstverständlich ist, was wir hier miteinander teilen, und was wir den Kindern als Freiraum ermöglichen wollen. Aber je mehr wir uns selbst befreien und je mehr Freiraum wir uns allen selbst gegenseitig einräumen, weil wir nicht mehr verletzt sondern souverän auf „ganz normale" Lebenserfahrung reagieren können, um so sicherer sorgen wir dafür, dass wir alle entspannter und freier und souveräner sind und mehr Glück und Erfolg im Leben genießen. Je freier wir sind, um so mehr finden wir alle, was wir im Grunde unseres Herzens suchen. Echten inneren Frieden und die Einsicht und konkrete Möglichkeiten, sicher und zuversichtlich unsere Selbstverwirklichung zu leben.

Vielen Dank für die Aufmerksamkeit,
und herzliche Grüße,

Raho Bornhorst

Freiburg, 14. März 2013

BRIAN TRACY

Brian Tracy ist einer der weltweit führenden Motivationstrainer und Managementberater.
Er hat 55 Bücher veröffentlicht und begeisterte bereits mehr als fünf Millionen Menschen.
2013 wurde er wieder einmal als Motivationstrainer des Jahres ausgezeichnet. Brian Tracy lebt in San Diego, Kalifornien. Er lehrte schon in 60 Ländern und reist 180 Tage pro Jahr zu Seminaren und Vorträgen, auch in Deutschland.

RAHO JOE BORNHORST

Raho Joe Bornhorst ist spiritueller Lehrer, Verleger, Autor, Seminarleiter und Coach.
Über 20 Jahre Erfahrung mit Seminaren zur Selbstverwirklichung haben ihm enorm viel Wissen und beruflichen Erfolg gebracht. Doch die Erfüllung kam erst, nachdem er das Verlagsgeschäft an Freunde übergab und zum spirituellen Lehrer wurde. Heute führt er Menschen schnell und direkt an den Punkt, an dem sie selber die besten Antworten auf die wichtigsten Fragen ihres Lebens finden.